Una Maternidad Sana

"Vive la sanidad interior en el área materno-espiritual"

Pastora Yomara Vázquez

Derecho de autor 2025 por Yomara Vázquez

Impreso en los Estados Unidos de América
ISBN: 979-8-3507-3888-9
Primera Edición

Todos los derechos reservados. Ninguna porción de este libro podrá ser reproducida, procesada o almacenada en algún sistema de recuperación, ni transmitida en cualquier forma o por cualquier medio mecánico, fotocopias, grabación u otro; excepto por citas breves en reseñas, sin previa autorización escrita de la autora. A menos que se indique lo contrario, todos los textos bíblicos han sido tomados de: Santa Biblia, Versión Reina Valera 1960, © 1960 por la Sociedad Bíblica en América Latina.Nueva Versión Internacional, © 1999 por la Sociedad Bíblica Internacional. Versión Dios Habla Hoy, © 1996 por Sociedad Bíblica Internacional. Nueva Traducción Viviente, © 2010 por editorial Tyndale House Foundation.

Portada, edición y maquetación: Blessed Books Creations
Facebook.com/ Blessed Books Creations
Email: blessedbookscreations@gmail.com

Síguenos en Facebook: Yomara Vázquez Ministries
Email: yomaravazquezministries@gmail.com

Clasificación: Sanidad interior/ Testimonios

Introducción

Todos tenemos una historia llena de sonrisas para recordar, pero también momentos no tan agradables dentro de nuestra crianza con mamá. La mayoría de los conflictos emocionales, las luchas internas, el carácter desbalanceado, las acciones incorrectas y la forma de reaccionar que vivimos, sentimos y experimentamos, en cualquier área que se relaciona con personas a nuestro alrededor, tiene una raíz desde la niñez. Sin embargo, estas se ven reflejadas cuando somos madres, hijas, esposas y en cualquier posición en la que nos encontremos, siendo o estando bajo autoridad. No obstante, estas laceraciones en el área maternal, no solo le afectan a la mujer, sino también al hombre en su rol de padre, esposo, hijo y en el plano ministerial, como sacerdote de un ministerio.

En ocasiones, pareciera que no tenemos avance y se repiten los mismos ciclos de dolor, las mismas preguntas llenas de frustración y los patrones que nos causan temor. Esto junto a la impotencia de no entender el porqué de todas estas cosas. En algún momento de mi vida estuve ahí, buscando encontrar las soluciones a mi laceración emocional, lidiando con la falta de atención y tratando de llenar mi carencia materna. No obstante, para sanar y ser libre, tuve que enfrentar cada una de estas cosas, primeramente, con el Espíritu Santo de

Dios y con los recursos y personas correctas. Hoy puedo testificar de la sanidad que solo Dios puede hacer en nuestro corazón y tengo el privilegio de ser un vaso útil para Dios en la restauración del cuerpo de Cristo a través de mi testimonio.

En este libro, expreso mis vivencias y testimonios, esperando que puedan ser de edificación, de fortaleza, pero sobre todas las cosas, que estas herramientas puedan ayudarte a obtener sanidad interior en tu corazón y tu alma en el nombre de Jesús. Estoy confiada en que lo lograrás porque la Biblia establece que: *"Todo lo puedo hacer por medio de Cristo, quien me da las fuerzas" Filipenses 4:13.* Oro al Padre, al Hijo y al Espíritu Santo de Dios para que en todo seas restaurado, sanado y libertado. ¡Sí, sanarás en el nombre de Jesús, amén!

Dedicatoria

Con todo lo que soy, con mi adoración más alta, con toda mi fe, con reverencia y honor, dedico este libro a mi amado Padre Jehová, a mi amado Jesucristo y mi gran amigo el Espíritu Santo de Dios, por darme vida, fuerzas y sostén, por Su guianza, por los tiempos de aprendizaje y de victorias. A ti todo el reconocimiento y honor. Gracias porque cada letra de este libro es dirigida por Ti. Por Tus cuidados paternos, pero en todo tiempo también maternos. Te amo tanto Espíritu de Dios que en palabras nunca podré describir lo que significas para mí. Indescriptible amor.

Te ama, tu hija Yomara

Agradecimientos

Agradezco a mi amado esposo, César Julser Ventura, quién recibiendo el mayor reto de tener en sus manos piezas rotas de mi interior, pudo con amor, paciencia y apoyo, levantar, restaurar, vendar y sanar lo que ni yo misma podía lograr. Gracias mi amor, desde el día uno hasta el día de hoy, siempre haz sido tan incondicional y presente en todo tiempo. Te amo en todas las maneras de amar. Eres mi regalo luego de Dios. Amo tu sabiduría, gracias por amarme en todas las etapas del proceso de sanidad y por ver en mí siempre algo mayor de lo que pude ver. Te honro, te bendigo y te amo.

A mi hijo Julser, aunque no eres hijo de mi vientre, mi corazón fue y sigue siendo, una cuna de amor para ti. Por ti aprendí a ser mamá por primera vez. Olvidé el título de madrastra y nunca lo abracé porque mi amor hacia ti lleva el nombre de mamá. Gracias por amarme, por aceptarme, por tu respeto y tus cuidados hacia mí. Gracias por ese regalo tan hermoso, mi primer nieto. Hijo de mi corazón te amo y siempre te amaré. Nunca lo olvides.

A mi hijo Kendrick, llegaste justo a tiempo. En todos los sentidos tu llegada me rescató. Siempre que te abrazo te digo, hijo tu amor me da paz. Mi regalo del mismo cielo eres tú. Dios me llenó de melodías en mi interior, volví a creer y a nacer junto a ti. Mi vientre se llenó de luz el día que Dios permitió que tuvieras vida dentro de mí. Llenaste todo lo que me faltaba. Eres mi vida y alegría luego de Dios junto a papi y a Juju. Junto a ti he entendido lo verdadero de la maternidad y cómo uno puede hasta dar la vida misma. Te amo hijo, nunca olvides que amarás mucho más de lo que yo te he amado a tus hijos. Eres mejor que yo y tus generaciones serán realmente bendecidas.

A mi madre Estrella. Te amo con todo mi ser, eres mi mamita linda, un tesoro en mi corazón. Aunque vivimos cosas fuertes, en tiempos buenos y no tan buenos, mi amor hacia ti siempre es y será incondicional. Cada vivencia me ha enseñado a amar muy profundo. Y quiero que sepas que no existe ni existirá un vientre más perfecto que el que Dios escogió para ponerme, el tuyo. Sin duda te escogería mil veces mami. Tenerte en mi vida hoy me hace muy feliz. Te abrazo fuerte y siempre estaré aquí para ti, tu hija Mara.

A mi amada madre espiritual, Rita Arias. Restauraste en mí lo que muchos no hubiesen querido ni mirar. Qué valiente eres mamá. Desde el día uno, cuando todo parecía un caos, me viste en fe, completa y ordenada. Nunca dejaste de creer, nunca lo haz hecho. Siempre presente en cualquier temporada de mi vida. Tus altos y delicados cuidados de amor han sido para mí el sello de mi sanidad en el área materna. Vivo agradecida de todo tu amor hacia mí. Te amo tanto, gracias por no soltarme nunca, contra todo pronóstico, me amaste. Gracias por entender las veces que a tus pies me sentaba para solo sentir el consejo y amor de mamá, por las veces que me haz servido y me haz cocinado, gracias por tus consejos y corrección de amor a mi vida. Gracias porque aún en la asignación del cielo como ministros y colegas del reino de Dios, jamás has dejado de ser mamá. Te amo.

A mi tía Andrea, que mucho me enseñaste. Gracias por tus brazos de amor y por ser esa madre de crianza que me cuidó con todo su ser.

A mis hermanos Daly, Yami y Gadiel, por ser parte de mi historia, vivo agradecida de ustedes. Espero que al igual que yo, sean sanos en todas las áreas y que sus generaciones sean altamente benditas. Los amo.

A cada hijo e hija espiritual en la fe que ha aportado a que este proyecto se haga realidad con tiempo, palabras que motivan y con sus esfuerzos de colaboración. Gracias por cada experiencia que me ha hecho crecer a su lado.

A Gilma, gracias hija por todas las aportaciones junto a mí con cada venta, tus manos cargan amor.

A Nilda, gracias hija por tu amor incondicional y por caminar a mi lado no importando los pronósticos.

A cada uno de ustedes que con valor lee este libro. Sé que será de sanidad para sus vidas.

Les amo, Pastora Yomara

Contenido

Capítulo uno: Cambié mi vestido de colores por el uniforme de mamá   13

Capítulo dos: Hizo lo que pudo, dio lo único que tenía   25

Capítulo tres: Madre otra vez, sin dar a luz   35

Capítulo cuatro: Siempre seré hija: identificando la raíz   47

Capítulo cinco: Mi vientre cargó vida   59

Capítulo seis: En el vientre de una madre espiritual   67

Capítulo siete: Soy madre de multitudes   83

Capítulo ocho: Autoanalizando mi interior para comenzar mi proceso de sanidad   95

Uno

Cambié mi vestido de colores por el uniforme de mamá

Mi nombre es Yomara, de apodo, todos me decían "Marita" o "la nena de Noel y de Estrella". Soy la hija mayor de 4 hermanos y nací en el centro de la hermosa isla de Puerto Rico. Viví en un lugar pobre en recursos materiales y económicos, pero mis padres y familia estaban llenos de esperanza porque al fin, podrían tener su primera criatura. Esto porque anterior a mi nacimiento, mi madre había tenido dos pérdidas de embarazos espontáneas, quienes hubiesen sido mis hermanos gemelos. Ese día, luego de que mi madre diera a luz, llegué al barrio Bermejales del cual tengo muchos recuerdos en mi mente.

Todos celebraban, pues había llegado al barrio, una niña deseada por todos los vecinos, y familiares. Era la más abrazada, la más llena de besos, la que más esperaban, la que mis tías y tíos, amigos y hasta los vecinos, la buscaban para conocerla. Sí, esa era yo. Recuerdo que en mi niñez me vestían de colores pasteles y que todos amaban verme cantar y bailar. Siempre recibía regalos y algunos discutían por quién me llevaría a su casa.

Hoy puedo exclamar que no existe un vientre de mayor perfección que el vientre que se abrió para darnos la oportunidad de existir. Aunque los recuerdos que podamos tener, luego de haber salido de ese vientre, no hayan sido los mejores o los que deseábamos tener y aunque si tuviéramos la oportunidad de cambiar nuestra familia quizás lo hiciéramos, nunca existirá un vientre más perfecto que el que a Dios le plació colocarnos. En los momentos de dolor pensamos, y hasta podemos de alguna u otra forma reclamarle al dador de nuestra vida, por qué escogió ese vientre. No obstante, desde ese vientre nacimos con propósitos.

"No existe un vientre de mayor perfección que el vientre que se abrió para darnos la oportunidad de existir"

Según fueron transcurriendo los días, esa niña que trajo alegría a todos, también comenzó a traer con su llegada preocupaciones, frustraciones y cargas a una mujer que estaba tratando de lidiar con la responsabilidad de ser madre por primera vez, junto a su anhelo de terminar su carrera de enfermería. Esto, en mucha ocasiones, sin transporte, sin apoyo familiar, emocional ni espiritual. Luchando para lograr un balance entre lo profesional, ser esposa y madre.

Crecí y viví la niñez muy apegada a mi padre, porque era el más tiempo que tenía libre debido a los compromisos de trabajo de mi madre. Solía disfrutar todas las actividades de niña junto a él y mis hermanos. Para mí, todo era "perfecto dentro de mi mentalidad de niña", hasta el día que llegó el cumplimiento de mis 14 años. Ese año, toda mi niñez pasó en un solo salto a la adultez. En un solo día, en un solo evento, en un solo instante, mi vida dio un giro inesperado. De niña a mujer.

Cabe destacar que, aunque en ese momento tenía 14 años, toda mi mente y mis pensamientos eran de una niña mucho menor, ya que la forma de crianza, para ese entonces, era muy inocente. Para ese tiempo se veía a la juventud jugar con muñecas, entre hermanos se jugaba a la cocinita y podías estar por horas coloreando libros.

Esa mañana desperté con el deseo de jugar con mis hermanos. Vi como mi papá se tomaba el café en su mueble del balcón, también pude observar, como mi mamá vestida de enfermera estaba lista para irse a trabajar. Era una mañana de fin de semana donde no teníamos clases y normalmente disfrutábamos juntos. No obstante, inesperadamente todo cambió. Me enfrenté a un escenario diferente, de una madre que solía sonreír a diario, aunque el mundo se le estuviera cayendo encima, ahora estaba viendo una con rostro triste, lo que parecía ser molesta, frustrada, decepcionada y con ojos llorosos. Acto seguido me dijo: "Mara, siéntate ahí con tus hermanos que necesito hablar con ustedes". Ese momento fue uno tenso para mí, al ser la hermana mayor era la que más entendía las cosas porque mis hermanos eran muy pequeños en ese entonces.

Mi madre, reuniéndonos a todos en la sala del hogar, expresó que debía tomar una decisión, que ya no iba a continuar casada con nuestro padre y que se iba a divorciar. Luego nos hizo una pregunta, "¿quiénes se quedan con su padre y quiénes se quedan con su madre?

Porque hoy mismo me voy". En ese momento, ella ya tenía su equipaje en el auto, su nueva vivienda esperándola y su plan de continuar su vida fuera de nuestro hogar. Su decisión ya estaba tomada y sin retroceso. Puedo describir ese momento como el día que comenzó mi proceso de ser niña a mujer. Donde el vestido de colores de niña, lo tuve que cambiar y ponerme el uniforme de una madre adulta. Aquel fue el día donde todo mi proceso en el área materna comenzó y donde los roles fueron invertidos.

A partir de ese momento, la niña que solo se preocupaba por jugar, ahora tenía la responsabilidad de cómo hija mayor, de velar por las decisiones de sus hermanos, ya que ninguno sabía realmente la profundidad de lo que estaba sucediendo. Mis hermanos, no lo entendieron, ellos no se imaginaban para nada, el proceso tan fuerte que esto traería. Nuestra inocencia, no podía sujetar el peso de lo que nos enfrentábamos, cuando nuestros padres tomaron tan seria decisión. Justamente en ese momento nos miramos y lloré mucho, por mí y por mis hermanos. Con un nudo muy fuerte en mi garganta, decía en mi mente, ¿qué haremos ahora? Pensaba, pero si esta es nuestra casa, siempre hemos estado aquí, no queremos separarnos. No queremos crecer separados. Quizás, en la mente de mis dos hermanos menores, pasó el pensamiento, "Mami se va a ir a trabajar y regresará. Quizá se va por unos días y regresa o me buscará luego que se vaya al lugar que dice que se va". Mientras tanto en mi mente yo pensaba, quizás se enojaron, pero hablarán y se van a reconciliar, esto es algo temporal. No es posible que vivan separados, estamos acostumbrados a estar todos juntos.

Ante toda esta situación, me armé de valor para contestar aquellas palabras tan fuertes, mientras mis hermanos solo hacían silencio, seguido de lágrimas en los ojos y un rostro totalmente asombrado y asustado. Mi respuesta fue: "Mami, no podemos separarnos, somos hermanos, no queremos irnos ni contigo ni con papi, los queremos a ambos. Mami, no te vayas, somos hermanos y si te vas vamos a llorar. No dejes a papi". Pero, a pesar de mis palabras la decisión era firme y clara. Mi madre y mi padre ya no podían seguir juntos por una infidelidad de parte de mi padre hacia ella. En aquel momento, como no tuvimos una respuesta sobre con quién nos quedaríamos, mi madre tomó todas sus cosas y pertenencias. Mis dos hermanos menores se quedaron en la casa donde vivíamos y las dos mayores, o sea, mi hermana y yo, nos fuimos con mi mamá.

Para mí, ese día fue uno de los más dolorosos de mi niñez, el tener que despedirme de mis hermanos, montarnos en el auto de nuestra madre, y mientras nos alejamos de nuestra casa de madera, dejar atrás en un solo día nuestro hogar. Tuve que ver de lejos a mis hermanos menores gritando y llorando detrás de una puerta de cristal por nuestra partida, sin realmente saber la profundidad de lo que sucedía. Mientras el auto se alejaba y se alejaba hasta que no los vi más. Desde el auto lloré, sentí que mi vida se fue completamente al piso, no entendía, solamente lloraba la partida. Sentía una sensación en mi estómago, ese desprendimiento que lo comparo con la sensación del primer día de clases donde tus padres te dejan en el salón para estudiar, pero no quieres que nunca se vayan. Era sentimiento mezclado de lo que fue, de lo que pudo ser y de lo que sería de ese momento en adelante.

Resalto que, al vivir en un campo, nunca solíamos salir de nuestro barrio a una ciudad y mi madre se mudó a una ciudad muy diferente a lo acostumbrado. Viví con mi madre, por solo unas semanas en su nueva casa porque tomé la nueva y difícil decisión de regresar con mis hermanos de vuelta a mi hogar de crianza. Sentía como hermana mayor el peso de la responsabilidad de ocupar el lugar materno que mi mamá había dejado al irse sin mis dos hermanos menores. No pude recuperarme de saber que había dejado a mis hermanos tan pequeños, vulnerables e inocentes. Me desesperaba el preguntarme a cada segundo, ¿cómo estarán? ¿Habrán comido? Por momentos me encontraba en llanto porque tampoco quería separarme de mi madre y dejarla sola en su proceso de divorcio. Estaba al borde de un colapso emocional sintiendo como, en un abrir y cerrar de ojos, mi vida emocionalmente estaba fragmentada con el sentimiento de querer estar con todos y a la vez con nadie.

Una vez de regreso al hogar de mi padre, en busca de vivir con mis hermanos menores, ya en mi corazón había un depósito y laceración muy profunda que nunca debió estar. Pero por causa de tan fuerte impacto, se impregnó muy profundo el rencor y el dolor de sentir que mi madre nos dio a escoger en vez de irse con todos los hijos al lugar donde se iba a vivir. Esto abrió la puerta a que por primera vez experimentara las manifestaciones de la rebeldía. Esa niña alegre que todos solían ver cambió por una de rostro serio, fuerte en carácter, callada y sin socializar. A la misma vez confundida, llena de miedos, de ira y de falta de confianza.

A partir de ese momento, comenzó mi primera función de maternidad adoptada ocupando el lugar de mi madre en la casa en prácticamente todos los sentidos. Allí dio comienzo mi acelerado crecimiento con solo 14 años. Quedé a cargo de mis hermanos menores yo sola, porque de la misma forma que mi madre decidió rehacer su vida, mi padre tomó la decisión de rehacer la suya. Por esta razón se quedaba por días con su nueva pareja y se alternaba para venir donde yo estaba con mis hermanos.

Mientras todos vivíamos juntos siempre había algo que comer en la mesa, la lacena y nevera solían estar llenas. No obstante, me tocó ver cómo la nevera se quedaba vacía al no tener los cuidados de papá y mamá quienes ya no estaban presentes en el hogar. Esto fue de esa forma durante cuatro años donde prácticamente me tocó ser la madre de mis hermanos en ausencia de ella. Los defendía de todos y me tuve que hacer muy fuerte, pero irremediablemente, a partir de ese momento ya no era la misma, era muy diferente. Ya no pensaba en mí, pensaba en cómo salir a flote con mi nueva vida. Me levantaba en las mañanas para enviar a mis hermanos a la escuela y para que cuando regresaran tuvieran algo de comer para que no pasaran hambre. Olvidé por un momento quién era y por qué estaba viva.

Innumerables veces me preguntaba por qué mi vida había cambiado tanto. Atravesé múltiples depresiones a mi corta edad. Recuerdo que odiaba la noche porque me recordaba cuán sola estaba. También odiaba la lluvia porque me recordaba la tristeza de estar sola en una casa con hermanos que no eran mis hijos, pero que amé y cuidé como míos. Inexperta, sin experiencia de nada, sin saber cocinar y sin ningún conocimiento de cómo manejar una maternidad, me tocó hacerlo. Cada día era un reto fuerte de crecimiento acelerado, ya que no tenía la opción de decir no puedo, me quito o me voy de aquí.

Manejé todas las cosas que naturalmente hace una madre, desde que me despertaba, hasta que me dormía. Una de las preguntas casi diarias en el proceso de acostumbrarme a no verla era "¿dónde está mami?" Esa pregunta retumbaba en mi mente mientras ellos la verbalizaban, porque yo internamente me la hacía una y otra vez. Los rostros de mis hermanos en esos momentos me daban la fuerza para proseguir. Los veía llorar, pero con una sonrisa les decía que todo iba a estar bien y que ella pronto llegaría. Mamá prosiguió su vida y nunca regresó al hogar, ni para buscarnos, ni para verla. Así estuve toda mi escuela superior llevando mi vida de estudiante y a la vez funcionando como mamá. Pasé de niña a adulta y de compañía a soledad. Sentía que había caído en un vacío profundo sin tener quien me sujetara.

Hoy, estás leyendo mi historia y posiblemente te pase por la mente tu propia historia de dolor en el área materna de tu niñez. Es posible que nunca hayas conocido a tu mamá o que hayas pasado por un abandono abrupto. Quizás pasaste por la etapa del divorcio de tus padres, fuiste un hijo adoptado o tal vez un hermano mayor, como yo, a cargo de sus hermanos. No importa cuál haya sido tu experiencia o situación, hay solución para cualquiera que sea la raíz de lo que haya provocado tu dolor. Es necesario sanar para poder ser restaurados y obtener la libertad.

Mientras escribo estas palabras, estoy deseosa de que puedas leer, cómo Dios cambia y transforma nuestros traumas a memorias sin dolor. Él puede cambiar nuestro lamento en júbilo. Como lo hizo conmigo también puede hacerlo contigo. La mayoría de las situaciones que hoy vivimos tienen su raíz desde la niñez, pero todo tiene una solución y una conclusión. Nuestra historia será lo que Dios utilice como testimonio de vida para ayudar a sanar y restaurar a otros. Dios es el único que puede sanar toda herida. En los próximos capítulos, entenderás y encontrarás la ayuda que necesitas para sanar en tu área materna. Lo lograrás y sanarás en el nombre de Jesús. ¡Amén!

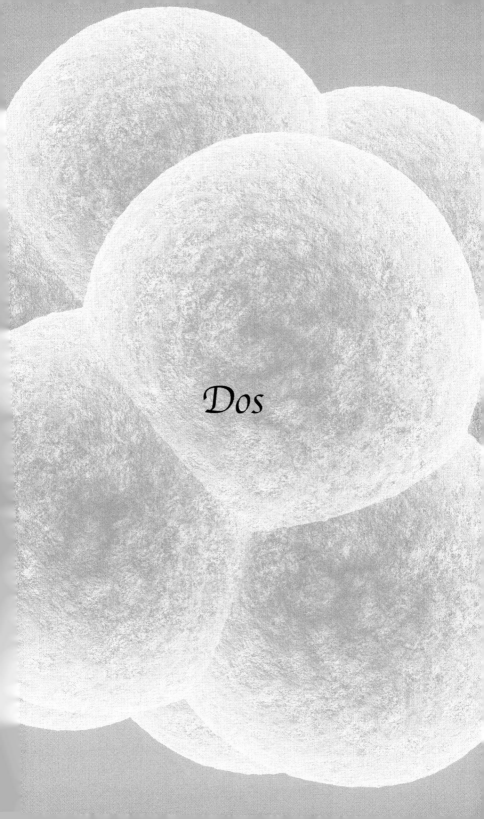

Dos

Hizo lo que pudo, dio lo único que tenía

Es posible que en muchas ocasiones resuene en nuestro interior la pregunta, ¿por qué me tocó vivir esto con mi madre? Pensamos que, por naturaleza, se supone que no fuera así, sino que todo debió ser perfecto y funcionar excelentemente. ¿Alguna vez se ha encontrado con tantas preguntas que tiene la desesperación de buscar respuestas en cualquier lugar? Justo cuando atravesé las etapas de la niñez, pre adolescencia y la adolescencia, las preguntas eran como un recuerdo constante que me hacían revivir las mismas memorias de mi mente, una y otra vez. Cuando creía que ya había entendido mis vivencias, era cuando me percataba de que no había entendido nada. Me faltaba algo, faltaba una sola respuesta en mi interior. Sin embargo, no bastaba con recibir la respuesta de parte de Dios, sino que necesitaba entenderla para poder sanar.

Buscaba en todos las respuestas que necesitaba. Por temporadas ignoraba mis sentimientos y solo me engañaba a mí misma al decir estoy bien, soy fuerte, yo puedo. Recuerdo que me tocó defender a todos mis hermanos como si fuera su madre. Siendo yo la encargada, tuve la responsabilidad de tomar decisiones y de pensar en todos, menos en mí, porque no había tiempo para eso. Tenía todas las respuestas ante las preguntas de mis hermanos y familiares. Siendo tan fuerte me acostumbré a vivir con una coraza de fuerza, creada por mí misma, para que nadie me lastimara ni me hiciera sentir triste.

A los 18 años, ya estaba cansada de todo y de todos. Por esta razón, idee un plan de escape para acabar de una vez y por todas con tanto sufrimiento. Recuerdo que fui a la casa de mi madre y le exigí su ayuda para comenzar a estudiar. En mi mente estaba estudiar trabajo social, por lo que parte de mi plan era hospedarme en el área metropolitana en Puerto Rico y no regresar nunca más. Sin embargo, una semana antes de llevar a cabo todo el plan, asistí a unas fiestas en el pueblo de Barceloneta y fue allí donde conocí a quien sería mi esposo. Él era uno de los artistas musicales invitado a esas fiestas. Como en mi mente ya estaba el no regresar había dejados mis hermanos a cargo de una tía hermana de mi papá. Por lo que prontamente me fui a vivir con aquel hombre a quien acababa de conocer.

Esta relación fue una muy difícil, pues yo venía con todo un bulto lleno y muy pesado de asuntos sin resolver. Poco a poco comencé a asistir a unos retiros que en Puerto Rico se le conocen como Juan 23 y finalmente le entregué mi vida al Señor. Por fin pude experimentar el amor, no tan solo de un padre, sino de una madre, mi Señor Jesús quien lo llenó todo. No obstante, luego de mi conversión todo el amor que experimentaba en mi nueva vida me parecía irreal. Personas genuinas llegaban y siempre dudaba si ese fuerte y verdadero amor que escuchaba existía sin que tuviesen que lastimarme. Guardaba tanto dolor y rencor hacia mi madre que me afectó en todos los sentidos: como madre, como esposa y como hija. Sin embargo, puedo asegurarte de que luego de aceptar a Jesús, como mi Salvador en mi corazón y comenzar una vida con el Santo Espíritu de Dios, entendí que solo en Él hallaría las respuestas concretas.

Solo luego de mi encuentro con Él, pude ver esta Palabra de una manera personal: *"Aunque mi padre y mi madre me dejaran, con todo, Jehová me recogerá" (Salmos 27:10).* Él recogió mí corazón quebrantado y yo le permití que me mostrara las respuestas que necesitaba. Mi amado Espíritu de Dios, con una simple oración me contestó, libertó y me dio la sanidad que a gritos pedía. Él me dijo estas palabras: "Hija, ella (tu mamá) hizo lo que pudo, ella dio lo único que tenía". Estas palabras fueron la respuesta que tanto necesitaba en mi alma, en mi corazón, en mi mente y en todo mi ser. En mi interior juzgaba a mi madre desde la perspectiva de mi dolor, desde mi punto de vista, desde mis temores y desde mi falta de perdón. Nunca hallaremos una respuesta real de lo que carecemos sin la ayuda del Espíritu Santo de Dios. Él es quien nos guía a toda verdad y es la única persona que podrá hacernos ver las cosas desde la misericordia, el amor, el perdón y la compasión. *"Cuando venga el Espíritu de verdad, él los guiará a toda la verdad. Él no hablará por su propia cuenta, sino que les dirá lo que ha oído y les contará lo que sucederá en el futuro" (Juan 16:13).*

"Nunca hallaremos una respuesta real de lo que carecemos sin la ayuda del Espíritu Santo de Dios"

Hoy te digo las mismas palabras. Tu madre hizo lo que pudo, ella dio lo que tenía. Quizás enfrentaste un proceso diferente al mío, pero con la semejanza de que ambos fueron dolorosos. Confió en el Señor que sanará toda área rota de cualquier cosa que haya pasado en tu relación materna. Todo tiene un porqué, todo tiene una respuesta. Nada en tu vida está inconcluso, permítele al Señor que te sea revelado lo que estás leyendo. Tu madre te dio lo que pudo, ella dio todo lo que tenía. Nunca podrás entender en su magnitud todas las experiencias que viviste, sino buscas y te tomas el tiempo para investigar y que te sea revelado por el Espíritu de Dios, el pasado desde la niñez de tu madre.

Una de las cosas que ayudan a la sanidad es el entender las vivencias de nuestra madre en su niñez, adolescencia y adultez. Cuando una madre no ha tenido la oportunidad de sanar completamente su pasado por medio de Dios, nunca podrá ofrecer un presente saludable. Ese fue mi caso. Mi madre, vivió una niñez y adolescencia muy dura con sus padres. Fue la hermana mayor de 4 hermanos. Tuvo una crianza muy ruda, fuerte y llena de maltratos. Fue removida de su hogar por su propia madre, dejándola en la casa de una abuela para que la terminara de criar. No pudo criarse donde siempre deseó estar, al lado de sus padres. Desde que llegó a casa de la abuela, donde también vivían unas tías, las cuales eran exageradamente disciplinadas en las tareas del hogar, tuvo que limpiar de día y de noche, encargándose además del lavado a mano, sin tener la oportunidad de expresar su sentir, ser escuchada, ni pasar un proceso de ayuda emocional ni espiritual. Llena de dolor, tuvo que aceptar la realidad de que ya no estaría con su madre, sino con su abuela materna, lo que ella describe como un proceso fuerte y doloroso. Tampoco pudo criarse con sus hermanos ni ser parte de ellos. No pudo despertarse cada día y tener una vida normal de familia. Todo esto le afectó en su desarrollo y estabilidad emocional en su interior. Sin embargo, el dolor y la frustración no me permitían verlo. Pero una vez, le pedí al Señor que me ayudara a ver a mi madre como Él la veía, comencé un proceso de liberación y sanidad interior de adentro hacia afuera.

¿Qué debemos hacer para comenzar el proceso de sanidad en el área materna?

1. Reconoce a Jesucristo como tu único y exclusivo Salvador. Él no desea que vivas con esos pensamientos tormentosos y que las preguntas en tu interior se queden sin respuestas. En Él y en Su Palabra, están todas las respuestas que necesitas. *"Pues Dios amó tanto al mundo que dio a su único Hijo, para que todo el que crea en él no se pierda, sino que tenga vida eterna" (Juan 3:16).* Dios envió a Su único Hijo por nosotros, siendo Él la Puerta, el Camino, la Verdad y la Vida le mostrará todo lo que su alma afligida necesita entender.

2. Desarrolla una relación de oración y búsqueda de Su Palabra. Necesitarás pedirle al Señor que te ayude a ver las cosas como Él las ve. Dios en Su Palabra nos enseña, en múltiples ocasiones, cómo Jesús ante cualquier circunstancia en que se encontraba miraba a las personas con amor y compasión. Necesitamos pedirle al Señor que nos ayude a mirar con compasión a nuestra

madre. Muchas veces hemos mirado con compasión a quienes no nos han herido, pero así es muy fácil. Lo importante es que miremos con compasión a todos por igual, tanto al que nos cuidó como a quien no pudo hacerlo.

3. Pídele al Señor que te revele el perdón. Nuestro Señor Jesucristo en la cruz no miró cuan sucio estábamos para poder perdonarnos. *"Jesús dijo: Padre, perdónales porque no saben lo que hacen" Lucas 23:34.* Debemos entender que cuando el Espíritu de Verdad no está en nosotros, realmente no sabemos lo que hacemos. Probablemente estés pasando por muchas preguntas al igual que en algún momento yo me las hice. Pero hay algo que realmente te dará paso a la sanidad y es el perdón. Nunca podrás hacerlo por fuerzas humanas, sino por el Espíritu de Dios.

Hoy es un buen momento para comenzar a sanar, porque eso es lo que el Señor quiere para tu vida y también para la vida de tu mamá, quien no supo lo que hizo, debido a las áreas rotas que en ella también necesitaban sanidad. Tienes una llave en tus manos, una respuesta que quizás necesitaste por mucho tiempo. "Hizo lo que pudo, dio lo único que tenía".

Entender esto, te hará ver a tu mamá de la manera en que Cristo una vez, nos vio a nosotros: con áreas rotas, funcionando, pero sin sanidad. No albergues ofensa, odio y rencor en tu corazón, eso causará atraso en tu vida y afectará solo a una persona: Tú. Declaro en el nombre de Jesús, que se rompe toda área carente de sanidad en tu vida con solo saber, que tu mamá no sabía lo que estaba haciendo. Que tu mamá te dio lo único que podía dar. Estoy segura de que sanarás, así como yo lo hice.

Oremos así: Padre, te doy gracias, por Tu infinita misericordia para con mi vida, gracias por Tu infinito amor y por Tu perdón. Estoy delante de Tu hermosa presencia, con mi corazón sincero, reconociendo que eres el único que puedes salvarme, liberarme, sanarme y llenarme. Te pido perdón por mi ofensa, por el rencor y aun por las cosas que no tengo conocimiento. Hoy te entrego mi dolor, mis cargas, mis pensamientos y te pido que limpies toda área en mí y que sanes mi corazón, cada vivencia y cada recuerdo. Que ya no duela más, sino que lo recuerde como un testimonio para levantar a muchos en Tu nombre. Entiendo que mi madre, no sabía lo que hacía y dio lo que tenía en su interior. Decido perdonar, así como Tú me has perdonado. Que se haga Tu voluntad, líbrame de todo mal. En el nombre de Jesús, Amén.

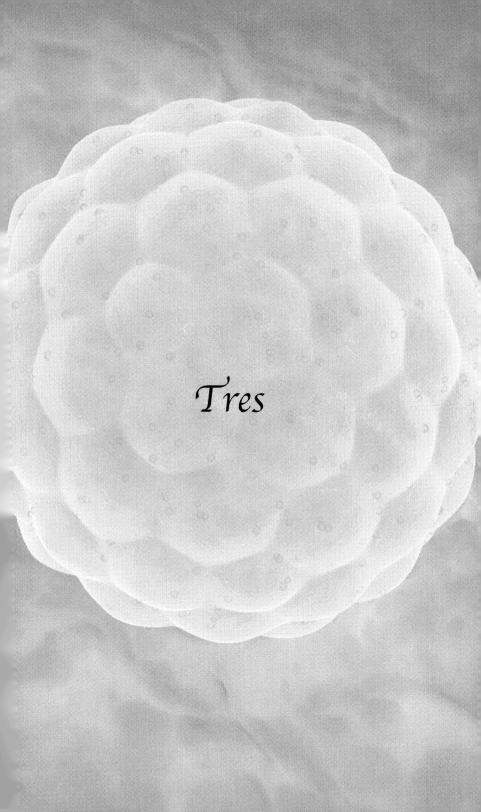

Tres

Madre otra vez, sin dar a luz

Al comenzar la relación con mi amado esposo, venía con laceraciones muy profundas, pero con la esperanza de que todo podría cambiar ante el pensamiento de escape de toda mi situación en ese momento de dolor. En aquel momento pensaba: este es mi momento, de ser feliz, este es el tiempo donde saldré de esta situación de mi vida y me olvidaré de todo .

Cuando lo conocí por primera vez, lo primero que me dijo fue: "Soy separado y tengo un hijo". Se pueden imaginar el impacto tan grande que recibí al escuchar esas palabras. Cómo podía estar pasándome eso, no una vez más. ¡No! Estuve en negación total por unos segundos. Yo queriendo escapar de cuidar a hijos que no eran de mi vientre, ahora me encontraba nuevamente con un escenario parecido. Otra vez debía ser mamá y hacerme cargo de una maternidad que no era mía.

En esos segundos e instantes pensé: esto es un bulto, una mochila que no es mía. No obstante, quería estar con César, estaba enamorada y dije: ¡bueno, lo quiero a él, pues también a su hijo. Ni modo, me toca! Sin embargo, no tenía idea de lo que iba a enfrentar interiormente al no estar sana en el área materna.

En el viaje de mis primeros días de amor y relación con mi esposo, todo fue como tomar un respiro, un nuevo tiempo hermoso para mí. No se hablaba de ningún tema, ni él de su vida, ni yo de la mía. Solo disfrutábamos esos primeros días donde todo era flores, chocolates, salidas y risas, pero aún sin enfrentar lo que cargaba dentro de mí. Así transcurrió un mes y todavía no había conocido a Julser, el hijo de mi esposo César de su primer matrimonio. ¡Mi hijo, a quién hoy amo con todo mi corazón!

Luego de transcurrido un mes, recuerdo que comenzó lo que podría describir como poner los pies sobre la tierra y enfrentar la realidad de tener un espíritu de rechazo en mí. Estaba cansada de cuidar a todos. Por esa razón, tampoco tenía los cuidados hacia mi esposo ni los demostraba, al contrario, le exigía cuidados maternos de su parte hacia mí. La realidad de sentirme abandonada por mi madre, me empujaba a querer que mi esposo no saliera de la casa ni a trabajar, porque sentía que me abandonaban una vez más. Por otra parte, cuando regresaba de trabajar, mi realidad de control, dolor y falta de sanidad, me llevaba a hablar sin parar, impidiendo que mi esposo descansara o durmiera porque pensaba que no me estaba atendiendo.

Todo el tiempo luchaba con el control y la manipulación. Estaba acostumbrada a tomar decisiones por todos. Quería que mi esposo comiera solamente lo que yo decía porque si no, yo pensaba que yo no le agradaba. Si no le gustaba lo que yo cocinaba tiraba la comida al piso. Yo discutía por cualquier cosa y si no había alguna razón, me la inventaba para que él se enfureciera y así sentir que estaba descargando toda mi ira sobre él y que alguien pagaría por mi dolor. Me presentaba en sus lugares de trabajo y le discutía, le tocaba la bocina del auto hasta que saliera sin importar quien mirara.

Mi esposo tuvo una crianza muy diferente a la mía, él tuvo unos padres presentes, que le suplieron todo, vino de una familia estable emocionalmente y financieramente. Nunca pasó por hambre, nunca tuvo escasez. Por lo tanto, no entendía su forma de pensamiento ni su formas de ver las cosas. Aun así, al mes de nuestra unión y en acuerdo con la mamá de Julser, mi hijastro llegó por primera vez a nuestro apartamento. Antes de que llegara sentía muchas emociones, yo no sabía cómo iba a reaccionar. Había llegado el día de conocerlo, el día de ese encuentro maternal, otra vez, sin ser de mi vientre.

Para mi sorpresa, cuando el niño, que en ese entonces tenía dos años, entró por la puerta, automáticamente experimenté un sentimiento de amor y cuidados que no me lo esperaba. Ver esa carita tan bella y al mismo tiempo llena de temor, al conocer a la nueva esposa de su papá. Fue un encuentro silencioso, pero a la vez muy tierno. Dentro de mí dije: Yomara, tienes una oportunidad de aceptar ser una verdadera madre por primera vez y de aprender a sentir amor otra vez, aunque no sea de tu vientre. Julser fue quien me enseñó a ser una verdadera madre por primera vez.

Luego del abandono de mi madre, sentía que mis hermanos no eran mi responsabilidad. Aunque siempre los vi como mis hermanos, me tocó cuidarlos como hijos y me llené de ira en contra de mi madre. Sin embargo, con Julser fue muy diferente. Yo sabía que era mi realidad por siempre, que era un encuentro de algo que no era temporero. Dios me lo entregó como parte del comienzo de ver la maternidad de otra forma. Aunque no tenía idea de lo que pasaría lo acepté. Al principio me rechazaba y decía: "Tú no eres mi mamá". Quería que fuera su papá quien le cambiara el pañal y quien lo alimentara, pero poco a poco fui ganándomelo para que aceptara mis cuidados.

Claro, que cada vez que me rechazaba me recordaba mi pasado, lloraba en silencio, y era tema de discusión con mi esposo luego de que el niño se iba y se terminaba el fin de semana. Era como un " back and foward". Como si me elevaran y nuevamente me tiraran al suelo. Así continuamos por casi 3 años con discusiones, peleas, separaciones por días y desacuerdos, sin aún comenzar mi proceso de sanidad. Yo realmente existía, pero no tenía una calidad de vida. Estaba muy lejos de caminar en el propósito para el cual fui creada en Dios.

El tiempo continuó transcurriendo y dentro de mí comenzó a surgir un anhelo: ser una madre real, sin embargo, no logré quedar embarazada por 3 años consecutivos. Fui al médico en múltiples ocasiones, compré un sinnúmero de pruebas de embarazo y todos los meses tenía la misma ilusión, sin embargo, se apagaba al ver negativa la prueba de embarazo. Decidí acudir a un ginecólogo especialista y la noticia fue desgarradora. Ese día sentí que la vida se me fue al escuchar cuando el médico me dijo: "Yomara, lo siento mucho, tu matriz está invertida y además, tienes endometriosis por lo que es imposible quedar embarazada. Aunque lo intentemos nunca podrás quedar embarazada". Cuando escuché esas palabras mi mundo se vino abajo. Lo primero que pensé fue, como es posible que yo anhelando un hijo de mi vientre no lo pueda tener y existen madres que no los quieren y tienen múltiples embarazos. Literalmente fue demasiado confuso para mí y añadió frustración y coraje. Veía como yo podía cuidar a todos, pero no podía concebir en mi vientre.

Luego de intentarlo por mucho tiempo, un día llena de tristeza, amargura y coraje dije: estoy frustrada, jamás pensaré en un hijo de mi vientre, me doy por vencida. Seguía cuidando por fines de semanas alternos a mi hijastro Julser, pero estaba vacía aunque tenía un hogar y una familia. Por esta razón, continuaba con mi comportamiento en resultado de todo lo que aún no había lidiado.

Algún tiempo después, acudí a sala de emergencias por un fuerte catarro. El doctor, como parte de las preguntas de rutina a todos los pacientes, me preguntó si existía la posibilidad de estar embarazada. Mi respuesta fue: no, nunca lo estaré. Sin embargo, él me dijo: "Bueno como rutina te haré una prueba antes de medicarte para el catarro". Le dije: ok. Aguardé en la sala de espera mientras los resultados llegaban. Cuando me llamaron a la oficina el doctor me dijo: "Yomara, ¿qué quieres, niño o niña?" Yo respondí: ¿qué? ¿Qué usted dice? Me volvió a decir: "¿Qué quieres niño o niña? Felicidades estás embarazada". Le dije: ¿usted está relajando conmigo? Me contestó: "No, usted está embarazada". Inmediatamente, di un salto de la silla, me olvidé del catarro y comencé a llorar y a dar gritos de alegría. No podía creerlo, ni entenderlo. Finalmente una maternidad que me correspondía, era mío, de mi vientre. Lloré mucho esa noche. Sentía mi interior acompañado de alguien, era una sensación extraña, pero hermosa. De igual forma, sentí mucho temor por dudar si podría cuidarlo como merecía. Si su vida sería diferente a lo que viví.

Desde ese día quería protegerlo de todo. Durante el embarazo, mi familia paterna y materna nunca apareció. Solo estaba con mi esposo y sus familiares. Al cabo de los 9 meses nació mi hijo de vientre, Kendrick. Fue un parto natural, nació perfectamente bien, muy sano y saludable. Ese amor era algo que no conocía. Un amor por alguien que te pertenece, fue totalmente diferente a todas las experiencias previas. Lo observaba y no podía dejar de mirarlo. En el momento de parto, mi madre tampoco estuvo presente, solamente mi esposo. Así que surgió una pregunta latente en mi mente y corazón luego de experimentar ese amor tan grande por mi hijo Kendrick: ¿cómo era posible que mi mamá hubiese tomado la decisión de separarse de sus hijos, si yo ni por un segundo, quería separarme del mío?

Aunque estaba pasando nuevos y bellos momentos con Kendrick, su llegada tampoco pudo sanar el área materna en mí desde mi niñez. Aunque lo amaba con mi vida, comprendí que los asuntos hacia mi madre no podrían resolverlos mi amor por él. A raíz de no comprender todas esas preguntas que venían a mi mente y encontrarme sin la compañía de mi madre en mi parto, me dio una depresión postparto que duró dos meses luego de haber dado a luz.

Lloraba por todo, no comía y volvió el sentir de que no querer que mi esposo se fuera a trabajar, no quería quedarme sola con mi bebé. Tampoco quería hablar con nadie ni que me preguntaran cómo estaba. Si el bebé lloraba, yo lloraba. Era un momento muy crítico y crucial en esa temporada de mi vida. Se duplicó mi dolor, mi angustia, mis cargas y mi frustración. Mi matrimonio también estaba colapsando, porque indirectamente exigía una atención que solo provenía del dolor en el área materna.

"Nadie en tu hogar es responsable de lo que debes sanar"

Ni mi esposo César, ni mi primer hijo Julser, ni mi hijo Kendrick, pudieron responder mis preguntas internas de mi laceración en el área materna. Más adelante, comprendí que ninguna cosa o persona podrá sanar lo que solo Dios, mediante Su Espíritu sana. Podrás tenerlo todo en la vida, e incluso cosas que puedan causarte alegría, pero estar alegre no es sinónimo de sanidad interior. Nadie en tu hogar es responsable de lo que debes sanar.

Probablemente, al igual que yo, tus hijos o esposo han tenido que pagar un alto precio de lo que aún lloras por dentro que no ha sido sanado. Muchos matrimonios están al borde del divorcio y el fracaso porque están exigiendo un amor materno a la persona equivocada. Nuestro cónyuge siempre será cónyuge, nunca será responsable de cuidarte como mamá. La función del esposo siempre será de cuidados y seguridad, pero no de cuidados maternales. El único que podrá llenar ese vacío materno se llama Jesucristo.

Debemos sanar para estar capacitados para amar desde la posición correcta establecida por Dios en la familia. La Palabra del Señor en Génesis 2:24, nos muestra el diseño original del cielo para con los esposos. *"Por tanto el hombre dejará a su padre y a su madre y se unirá a su mujer, y serán una sola carne".* Esto no ocurre solamente físicamente, sino también en su posición espiritual y responsabilidad. Al dejar a padre y madre y unirse en una sola carne, ninguna de las partes tiene la responsabilidad de un cuidado materno ni paterno entre el uno y el otro. El entender esto me ayudó mucho en mi proceso de sanidad.

Lo mismo sucede con los hijos bajo el matrimonio cuando no se ha sanado el dolor del corazón con mamá. Ellos pagan un alto precio, aunque se diga que se aman con todo el corazón. Cuando hay laceración desde la niñez en el área materna de tu corazón, no podrás demostrar ese amor perfecto sin que te veas tentado a la sobre protección por miedo a que no pasen lo mismo que tú y ellos terminan adoptando esos miedos en su vida. Ellos también sufren el maltrato por intolerancia al amor, porque te brindan amor puro, pero como lo desconoces, ya que nunca te lo dieron, lo rechazas de alguna forma u otra y los hijos terminan adoptando un espíritu de rechazo. Al tener angustia, ira, frustraciones y rencores, no podrás vivir plenamente tu maternidad porque siempre buscarás culpar a quien no te cuidó de la "manera en que tú ahora estás cuidando". Otra forma en que son lacerados los hijos es por los múltiples desacuerdos o discusiones entre los padres debido a la falta de sanidad. Al no estar conscientes de todas estas cosas se pasa una vida entera tratando de salir a flote con tu realidad, pero no será posible con todo lo que arrastras de tu pasado a tu presente.

Si algo de lo que estás leyendo es parecido a lo que vives hoy, tengo una buena noticia para ti. Es posible vivir en plenitud en tu hogar, tu matrimonio y tu vida personal, solamente debes reconocer, así como yo tuve que hacerlo, que nada de lo que tienes hoy o quien te rodee, podrá llenar o sanar lo que necesitas sanar. En mi caso, tenía un matrimonio ya con dos hijos y aún arrastraba mi pasado, buscaba en todos los que estaban en mi hogar las atenciones que no tuve y quien llenara los vacíos. Sin embargo, tuve que reconocer que solo yo, era la responsable de sanar, juntamente con el Espíritu Santo de Dios. Lo lograrás a pesar de lo que hoy estás viviendo sea cual sea la circunstancia en tu estado presente. Eso que estás arrastrando a tu presente, a tu hogar, a tu núcleo familiar o vida personal podrás sanarlo. ¡Amén!

Cuatro

Siempre seré hija: identificando la raíz

En el capítulo anterior, hablaba del alto precio que los hijos muchas veces tienen que pagar. Pero ¿cuál es la raíz de todo? Durante la infancia, la relación de afecto entre una madre y un hijo siempre determinará cuál será la personalidad del niño. Muchas veces, como hijos, adoptamos rasgos, cualidades y formas de ser que no necesariamente somos. Aparentamos una personalidad fuerte, ruda y a la defensiva de todo y de todos que hace que no tengamos relaciones saludables con los que nos rodean. Todo es parte de nuestra crianza, vivencias e infancia.

Es posible que tu relación como hijo fue una carente de afecto, disfuncional o deficiente y que por mucho tiempo esto haya causado que no seas estable emocionalmente ni puedas relacionarte de una manera saludable y correcta con otra persona. Si de igual forma, ha causado tristeza o ira, hasta el punto de que tu mismo no puedas construir una familia estable, tengo buenas noticias para ti: hoy estas a tiempo tener una sanidad completa.

Por mucho tiempo, adopté como resultado de lo que sucedió, una forma de ser que nunca quise. Por una

"La sanidad comienza desde la aceptación de que siempre seremos hijos, aunque no hayamos tenido una madre como la esperábamos"

temporada de al menos 8 años, luego del divorcio de mis padres, cambié totalmente mi forma de reaccionar ante cualquier mínima situación que pasaba en mi vida. Si alguien trataba de amarme, no le creía. Si alguien trataba de ayudarme, dudaba. Si alguien trataba de abrazarme, me endurecía. Si alguien trataba de aconsejarme, rechazaba el consejo. Si alguien me hacía enojar, respondía con ira. Esta conducta era el producto de una laceración en la maternidad, pero esas reacciones solo son respuestas que salen de un corazón que aún sangra y no está sano.

Ninguna reacción humana negativa procede de un corazón sano. Cuando no hay sanidad interior en alguna área como hijos, reaccionaremos incorrectamente. Sin embargo, esa reacción solo nos herirá más a nosotros mismos, porque vivimos cada día como si nada nos satisficiera ni nos hiciera feliz. Por más que estemos rodeados de personas, sentimos que estamos solos. Aunque materialmente lo tengamos todo, el vacío interno siempre estará, porque solo sanaremos cuando miremos hacia la herida, y aceptemos que debemos sanar. La sanidad comienza desde la aceptación de que siempre seremos hijos, aunque no hayamos tenido una madre como la esperábamos.

Antes de que ocurriera el abandono de mi madre, solía ser una niña muy alegre, extrovertida, amable, servicial, atenta y siempre sonriente. Sin embargo, luego de la situación batallaba con los pensamientos y preguntas, tales como: ¿por qué no tuve lo que tanto esperaba de mi mamá? Es posible que como hijo también te hayas preguntado lo mismo. No obstante, aunque esta y otras preguntas hayan afectado tu identidad de hijo, hay algo que debes saber: eres hijo y eso no lo cambiará nada ni nadie, aun naciendo de nuevo serás producto del alumbramiento a través de tu madre.

Cuando experimentamos un abandono maternal, abuso o rechazo, normalmente el pensamiento que llega a nuestra mente es: si escogiera nacer de nuevo, no escogería a mi madre. Sin embargo, una fuerte vivencia nunca negará quien realmente eres y entenderlo dará paso a tu sanidad. Este tipo de dolor cuando no es trabajado llega a un punto que provoca ceguera, una donde la persona no puede ver que realmente necesita sanidad. Esto afecta a tal punto, para quien lo experimenta, que lo ve normal y ya no puede identificar dónde está la torcedura que hay que enderezar. Incluso, puede llegar a hablar con su mamá algún día de forma "normal" sin saber que aún le duele porque el dolor transicionó y se convirtió en otra cosa, por ejemplo: un carácter que nunca fue el suyo. La persona adopta cambios luego del dolor y los acepta como si fueran parte de él. Crea su propia "realidad" porque tiene que "sobrevivir" de cualquier forma.

Es posible que la persona haga una vida independiente luego de salir de su entorno o la cuna de su dolor, pero es en ese momento donde se enfrenta a su propia vida, sin mamá físicamente, pero con ella en su corazón dolido. El diseño de Dios original de una madre para sus hijos fue protección, afecto, amor, respeto, comunicación y, sobre todo, unidad. No debiste pasar lo que pasaste. No debiste sufrir en lo que normalmente debería ser un vínculo saludable entre mamá e hijo, no obstante, necesitas regresar a la raíz, identificarla y entrar en el proceso de sanidad con la ayuda de Dios. Dejar la espina luego de la entrada duele, pero también duele la extracción de esta. No obstante, solo removiéndola comenzaremos a sentir la sanidad. Hay dolores que se entierran más profundo cuando se ignoran, estos se dejan ocultos por años para que el proceso de sanidad no duela. Sin embargo, el dolor pasa a ser amargura.

"Dejar la espina luego de la entrada duele, pero también duele la extracción de esta"

La amargura es considerada el resultado de un profundo dolor que no se trabajó a tiempo dentro de nosotros. Esta produce un carácter donde la apatía, el desánimo, la ira y el orgullo, toman su lugar y gobiernan nuestro ser. Sin percatarnos, el dolor entra en un estado de adormecimiento activo donde se cree que ya no afecta, pero es justo ahí donde más está afectado, no solo tu vida internamente, sino todo tu entorno exterior. Todo lo que te haya afectado en el pasado, que no haya sido trabajado y sanado, tendrá vigencia y manifestación en el presente. Hay un dicho que dice que "el tiempo sana las heridas", pero eso es una absoluta mentira. El único que puede ayudarte a sanar se llama Jesucristo por medio de Su Santo Espíritu.

En mi proceso de identificar la raíz de todos los síntomas que estaba manifestando, pude entender que, sin la ayuda del Padre, del Hijo y de Su Santo Espíritu, no podría ver más allá. Tuve que darle la oportunidad a Él de que fuera mi guía en todo el proceso. Identificar la raíz no es solo recordar lo que pasó con mamá, porque el evento de lo que sucedió con mamá solo es el principio de lo ocurrido, hay que identificar lo que ese evento ocasionó en nosotros. Cuál fue el cambio que ocasionó en nosotros y ver la diferencia de cómo éramos y cómo somos. La herida no es el foco de infección, lo es aquello que se creó y dejamos sin limpiar dentro de la herida abierta.

"Guardar el corazón es volver a la raíz del dolor y trabajar en la sanidad para dejarlo limpio y de esta forma vivir en una verdadera plenitud"

El enemigo es experto en tomar ventaja de lo que nosotros permitimos en nuestro corazón y, más aún, cuando no teníamos el conocimiento de la Palabra del Señor ni le habíamos conocido. Los eventos frustrantes en nuestra vida, y más cuando causan una profunda herida, son una puerta abierta para que él pueda depositar en nuestra mente y corazón semillas que, si no las sacamos, harán una raíz, en mi caso de ira y temor. Esa raíz trae otras pequeñas con ella tales como, orgullo, apatía, egoísmo, enojo, vanidad, desánimo, conformismo, incredulidad, celos, baja autoestima, inseguridad e inconstancia, entre otros.

La Palabra del Señor dice en **Proverbios 4:23: "Sobre toda cosa guardada, guarda tu corazón; porque de él mana la vida".** Guardar el corazón es volver a la raíz del dolor y trabajar en la sanidad para dejarlo limpio y de esta forma vivir en una verdadera plenitud. En el proceso de sanidad necesitamos saber que **"Jehová escudriña los corazones de todos" (1 Crónicas 28:9).** Él es el único que conoce todo lo que hay dentro de tu corazón y Él sabe hacer un examen perfecto para ir profundamente a la raíz del problema que necesita ser trabajado en sanidad. Por nuestras propias fuerzas y separados de nuestro Creador jamás podremos hacer nada. *"Porque separados de mí nada podéis hacer" (Juan 15:5).* Por eso, es necesario asegurarnos de tenerlo en nuestra vida y ser uno con Él, para poder hacer este proceso tan necesario para nuestra alma, mente y corazón. *"Él venda a los quebrantados de corazón, consuela a todos los que lloran, da aceite de alegría en lugar de luto y proporciona un manto de alegría en lugar de un espíritu de desesperación" (Isaías 61).* Solo en Jesucristo podrás experimentar esa verdadera libertad. *"Porque al que el Hijo libertare realmente será libre" (Juan 8:36).*

Es muy importante la sanidad interior como hijos, pues de no existir tal sanidad, más adelante reaccionaremos incorrectamente desde el interior, desde las carencias, desde el dolor o desde lo que no está sano. Lo primero que te ayudará a tu identidad de hijo es conocer que existe alguien que nunca te dejará huérfano y es Jesucristo. *"No los dejaré huérfanos; volveré a ustedes" (Juan 14:18-19). "Él sana a los de corazón quebrantado y les venda las heridas" (Salmos 147:3).*

Nunca podremos sanar lo que no se exhibe completamente. Por años creía que ocultaba mi dolor, pero era un dolor que estaba expuesto por el fruto de mis reacciones ante las personas o mis acciones. Siempre estaba a la defensiva, si alguien me aconsejaba, no recibía el consejo, si alguien me protegía, yo lo alejaba, si alguien intentaba amarme, yo le hacía daño, si alguien me cuidaba, yo dudaba. Nadie podía acceder a mi corazón de una manera sana y saludable por causa del dolor. Mientras más pasaba el tiempo más fuerte eran los fracasos en cualquier tipo de relación que llegaba a mi vida con amor de amistad, hermandad o familiar.

No confesaba que necesitaba ayuda porque tenía miedo de confiar en alguien, esto es algo que sucede cuando te lastiman, pero hoy te digo que no sanarás hasta que busques la ayuda correspondiente, lo confieses y te derrames completamente. Dios siempre pondrá la ayuda que necesitas en alguien en esta Tierra. Debes pedirle al Señor que seas dirigido por Él para identificar a quién debes acudir para consejo y buscar ayuda inmediatamente que identifiques que la necesitas. Buscar ayuda y consejo no es un signo de debilidad, al contrario, es valor y fortaleza.

¡Quiero una vida nueva!

En ocasiones, esa madre que nos causó tanto dolor se arrepiente genuinamente. ¿Qué hacemos entonces? Es posible que por temor a que nos haga lo mismo no accedamos a tal oportunidad. Sin embargo, de esta forma, nunca lograremos vivir lo que establece la Palabra del Señor en **Efesios 6:23: *"Honra a tu padre y a tu madre.*** ***Ese es el primer mandamiento que contiene una promesa: si honras a tu padre y a tu madre, te irá bien y tendrás una larga vida en la tierra".*** Dios puso este mandamiento para beneficio de los hijos. El mismo, no exime a los heridos, a los lacerados, a los abandonados, a los abusados o a los que fueron maltratados.

Nos corresponde a todos, el cumplimiento: a sanos y a heridos. Aunque tú y yo hayamos vivido experiencias fuertes, en Dios hay sanidad y liberación a través de Su Hijo Jesucristo. Solo con la ayuda del Espíritu Santo podremos cumplir ese mandamiento con promesa.

Para honrar como lo establece este mandamiento es muy necesario el proceso de sanidad interior. Como hijos, necesitamos honrar a nuestros padres en todas las maneras posibles. Hay larga vida para todo hijo que primeramente trabaja su interior para que salga una honra pura hacia nuestras madres. Amo las escrituras que nos enseñan que Jesús honró a Su madre en esta Tierra. Él lo hizo todo de una manera perfecta, escogió un vientre, de la misma forma que usted y yo fuimos destinados para estar en el vientre de nuestra madre. Dios es tan Perfecto que, siendo Dios, se hizo carne para entrar a esta Tierra como lo establecen las escrituras en **Lucas 1:30-33:** *"El ángel le dijo: —No tengas miedo, María, porque Dios está contento contigo. ¡Escúchame! Quedarás embarazada y tendrás un hijo a quien le pondrás por nombre Jesús. Tu hijo será un gran hombre, será llamado el Hijo del Altísimo y el Señor Dios lo hará rey, como a su antepasado David. Reinará por siempre sobre todo el pueblo de Jacob y su reinado no tendrá fin."*

Jesús aprendió a obedecer y honrar a Sus Padres, por encima de lo que aún no se entendía. *"Sus padres quedaron asombrados cuando lo vieron, y su mamá le dijo: —Hijo, ¿por qué nos hiciste esto? Tu papá y yo hemos estado muy preocupados buscándote. Después regresaron a Nazaret. Jesús les obedecía a ellos. Su mamá reflexionaba sobre todo lo que había pasado. Así, Jesús crecía en sabiduría y estatura, y Dios y la gente lo veían con buenos ojos" (Lucas 2:48, 51-52).* Él demostró honra al sujetarse a ellos en obediencia. Quiero decir con esto, amado lector, que desde el cielo tenemos una responsabilidad como hijos de trabajar con lo que por años nos ha separado de honrar a nuestra madre, aunque ha habido cosas que nos duelen y que posiblemente aún no entendamos. No obstante, he aprendido en mi proceso de sanidad, que para poder sanar no necesito comprender todo, necesito creer que todo lo que pudo sucederme obrará para bien como dice la escritura en **Romanos 8:28: "Sabemos que Dios obra en toda situación para el bien de los que lo aman, los que han sido llamados por Dios de acuerdo con su propósito".**

Todo lo que has pasado, tiene un propósito. Oro al Padre para que hoy mismo pueda el Espíritu Santo traer a memoria todo lo que esté, hasta lo más escondido en el corazón, para así poder identificarlo y sacarlo desde la raíz por medio de la libertad en Cristo. Abrázate fuerte hoy con la aceptación de que eres hijo. Ámate y valórate como lo que eres. Esa es una gran llave y paso a extenderte a tu plena sanidad. Que sea Dios glorificándose en medio del comienzo de una sanidad de adentro hacia afuera. Amén.

Cinco

Mí vientre cargó vida

La maternidad es algo asombroso. Luego de intentarlo todo, después de innumerables pruebas de embarazos dando negativo, con mi esperanza en cero y resignada a un diagnóstico de nunca ser madre biológica, llegó mi milagro. Como les mencioné en el capítulo 4, la noticia la recibimos en una sala de emergencias cuando acudí a atenderme por una gripe y fiebre muy alta.

Esta revelación fue mi medicina, mi bálsamo, mi fuerza. Dios me concedió la petición de mi corazón, me devolvió mi alegría, la fe y mi esperanza. En el proceso de embarazo, meditaba en que esa era mi oportunidad para nunca cometer los errores con mi hijo biológico que experimenté en mi crianza. Pasé mi embarazo planificando cómo sería todo. Tenía la experiencia de cuidar de alguien, pero sentía como si no supiera nada. Finalmente, el día más esperado llegó, nació el hijo de mi vientre, Kendrick. Luego de 13 horas en labor de parto de manera natural llegó a este mundo. Cuando lo tuve en mis brazos por primera vez estaba muy nerviosa y tenía mucho miedo, un espíritu de temor estaba operando en ese momento en mí. A partir de su nacimiento, constantemente luchaba con mis pensamientos diciéndome ¿serás una buena madre para él?, ¿sabrás cuidarlo?,

¿repetirás lo mismo que viviste con él? Justamente ahí me di cuenta de cuanta sanidad necesitaba.

Como madre primeriza, la batalla mental más fuerte que pude experimentar, luego de tener áreas de falta de sanidad materna en mi vida, fue el balance. El balance entre no sobre protegerlo tanto por el temor de que él no viviera lo que yo viví y, por otro lado, darle tan poco de mí al punto de estar ausente. Era una lucha constante al no estar sana y a la vez, con mi hijo en brazos, edificarme apresuradamente "como pudiera" para darle el mejor ejemplo de una madre completa.

Debido al cansancio extremo, a mis temores y mil pensamientos a la vez de soledad, sufrí una depresión postparto muy fuerte. No tenía a nadie a mi lado que me dijera cómo hacer las cosas bien y no tenía ningún familiar de mi parte que me llamara. Si el bebé lloraba, yo lloraba, si el bebé dormía, yo no podía dormir. Me sentía tan deprimida que no quería cargarlo en mis brazos, me sentía inútil y lo peor era que me sentía muy mala madre al no darle sus cuidados mientras estaba sumida en esa depresión. Fue en ese momento cuando realmente me di cuenta de cuánto apoyo familiar, en todos los sentidos, necesita una madre cuando nace un bebé.

Es en esas primeras semanas es cuando la familia necesita ser más unida que nunca. Se necesita empatía, ayuda en los quehaceres del hogar, soporte en la autoestima y cuidado del bebé mientras mamá descansa, entre otros. Todo esto definitivamente aporta mucho a una sana maternidad. Sin embargo, yo no lo tuve de parte de mi familia. Gracias a Dios, mi amado esposo me ayudaba dentro de las horas que podía cuando llegaba de trabajar y durante la noche. Oro a Dios para que si estás leyendo esto y eres familiar de alguna mamá que recientemente dio a luz, te hagas parte de la colaboración para que sea apoyada en todos los sentidos.

Luego de casi dos meses, gracias a Dios y en fe pude salir de esa fuerte depresión poniendo todo de mi parte. Lamentablemente, el saber que estaba sola "familiarmente hablando" albergó en mi corazón aún más resentimiento y experimenté lo que puedo describir como una fortaleza creada en mí misma. Sentía que, si ya tenía a mi hijo biológico, lo tenía todo para seguir hacia adelante. Ahora nada ni nadie me detendría. Lo que no sabía era que en ese momento estaba abriendo más la herida y contaminando más mi corazón.

Estaba llena de pensamientos rebeldes que al fin y al cabo, me hundían más en lo que se supone que debía estar sana. Creía que podía sola, me sentía como una "leona" que no necesitaba a nada ni a nadie. De esa forma, comencé a tomar decisiones apresuradas. Diariamente, intentaba salir a flote para no ahogarme en el dolor, para no darle cara y enfrentar todos esos miedos que me decían, una y otra vez, "no seré como mi mamá". No obstante, no me daba cuenta de que, en parte, estaba llevando el mismo comportamiento que me rehusaba a tener.

Amaba tanto a mi hijo que me aferré a él, pero no me di cuenta de que era un error. Cuando estás herida con tu madre te aferras a sobreproteger tanto por el miedo, que no lo dejas experimentar una niñez balanceada. Comienzas a tener miedo de que tu hijo se enferme, de que se caiga, de que lo lastimen, de que le hablen mal, de que pase dolor, de que viva las experiencias normales de los niños, de que te lo roben o de que le hagan daño. No me malinterprete, cuidar un niño balanceadamente para que nada de esto suceda está muy bien. Lo que está mal es que el miedo y el terror te arropen y te lleven a sobreproteger a tu hijo impidiéndole vivir lo que un niño sano debe experimentar.

"La falta de sanidad siempre te llevará a errar, aunque no lo quieras"

Además de esto, tenía muy poca paciencia en la crianza de mi hijo. Me sentía frustrada por no haber vivido en mi niñez lo que mi hijo ahora tenía. Aunque él no tenía la culpa y aunque no quería sentirme frustrada, lamentablemente ese sentimiento llegaba inesperadamente y se reflejaba en el mal fruto de la impaciencia, la falta de dominio propio, de templanza y, sobre todo, un amor sano. Aun así, esos primeros años luché por ser la mejor mamá del mundo para él. Hoy puedo decir que creció, es un hijo maravilloso, ejemplar, de buenos valores y es el fruto de la sanidad en el área materna. Esta sanidad llegó cuando conocí más del Señor y él pudo experimentar el amor sano, estable y cuidados balanceados de una madre plena.

La falta de sanidad siempre te llevará a errar, aunque no lo quieras, por eso necesitas comenzar a sanar, perdonar, soltar y amar. Lo que ya pasó obró para bien. Dice la Palabra del Señor que todo obra para bien a los que aman al Señor. Si estás pasando por una situación

UNA MATERNIDAD SANA

similar, estás embarazada o planificando en algún momento tener hijos, pero aún existen conflictos familiares en el área materna, es urgente, vital y necesario que lo trabajes lo antes posible para que tu relación materna biológica sea una sana y estable. Dios tiene un diseño maternal y familiar desde el principio de la creación y es uno bueno agradable puro y perfecto.

Nunca comiences tu maternidad biológica con cosas en el corazón por resolver. Indudablemente, si lo haces, traerá secuelas en tus hijos arrastrando cosas de tu crianza a la de ellos. Les hablarás como no quieres hablarles. Te comportarás con ellos de la forma en que dices que no quieres comportarte, los descuidarás en muchas áreas y lamentablemente, eso que tus hijos experimentarán pasará a futuras generaciones. ¡No lo permitas! Tu vientre carga vida para dar vida a otros. Necesitas sanar para tener hijos y futuras generaciones sanas. Es tu responsabilidad. ¡Tú puedes dar más! Amén.

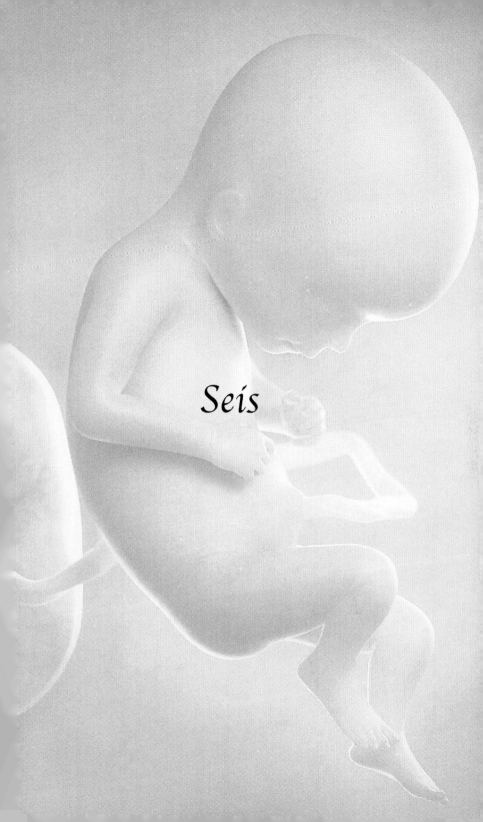

Seis

En el vientre de una madre espiritual

En el camino ministerial que Dios por Su gracia me llamó a cumplir, tuve que enfrentarme a encuentros fuertes y difíciles. Estos ocurrieron antes de ser pastora y madre espiritual de muchos, ahora los llamo oportunidades, porque a través de ellos Dios me permitió ser reconstruida para ser una madre espiritual sana.

Cuando Dios nos trajo a vivir a Estados Unidos, tuve la oportunidad de asistir a iglesias donde Dios me colocó por temporadas para fortalecerme en el área materna. No obstante, las experiencias no fueron del todo agradables para mí. Dice la Palabra del Señor en **Romanos 8:28: "Y sabemos que para los que aman a Dios, todas las cosas cooperan para bien, esto es, para los que son llamados conforme a su propósito"**. Yo estaba llena de propósitos maternos para con los hijos e hijas del Señor, pero mi realidad era otra. Estaba muy débil en esa área y comenzar el ministerio sin sanar hubiese sido un absoluto fracaso en la obra del Señor.

Recuerdo que en la primera iglesia que asistí en Florida, Dios me permitió estar cerca de una pastora donde viví experiencias que no podía entender. Aunque venía de Puerto Rico, donde había comenzado un proceso de sanidad, aún no estaba completamente sana. Al no estarlo, se manifestaba en mí la rebelión cuando tenía que estar sujeta a autoridad y cuando se trataba de que me dijeran lo que tenía que hacer. En este caso, la persona que se supone que me ayudara a completar mi proceso de sanidad con los cuidados y consejos de acuerdo con la Palabra de Dios, me arrastraba más a la rebelión.

El consejo de aquella pastora, lejos de que me sometiera a la autoridad de mi esposo y trabajara en mi sanidad y carencias maternas, era que considerara el divorcio. Las frases a continuación, aunque fuertes, son los consejos que escuchaba de ella: "Eres lo suficiente mujer para quedarte sola, divórciate". "Haz el cierre de tu casa y deja a tu esposo". "Si total tú eres fuerte y valiente y puedes hacerlo". "Eres tan bella, por qué no te vistes más pegado". "Por qué no metes en un manicomio a tu esposo y haces tu vida". Por otro lado, mi esposo me decía: "Amor no lo hagas, esto está mal, estás irreconocible, considera no divorciarte". Sin embargo, yo estaba en un estado fuerte de ceguera espiritual.

Comencé a ver a mi pastora como una "amiga" en quien podía confiar más que como pastora. Creía ciegamente en todo lo que me decía, pero eso lejos de ayudarme me estaban destruyendo más. Todo lo que había comenzado a trabajar en mi sanidad en Puerto Rico se fue al piso al llegar aquí a Estados Unidos. Estuve a punto del divorcio, pasaba todo el día en la iglesia ayudando en el nuevo templo y al llegar a mi casa no quería ver a mi esposo. Perdí todo el interés por mi matrimonio y hogar.

Quería estar sola y hacer las cosas por mí misma. Estaba centrada en una sola cosa: cuidarme a mí misma, porque en mi mente nadie me había cuidado. Durante ese tiempo Dios utilizaba a personas para decirme: "Yomara tienes propósito, necesitas un cambio genuino, eres una madre de multitudes, algún día serás pastora". Sin embargo, yo me burlaba. No creía que yo lo lograría porque no me sentía capaz de cuidar a nadie en este mundo. Dios usaba mucha gente, pero llegó un día muy poderoso donde hizo que todo comenzara a cambiar.

Recuerdo que en un servicio de la iglesia una persona que estaba predicando, que yo no conocía, se acercó y me dijo: "Mujer pasa aquí adelante". Yo me quedé en el pasillo y me dijo: "Mírame, ¿dónde está tu esposo?" Yo le contesté: "Está ahí atrás". Me dijo: "Búscalo y tómale la mano". En ese momento miré a mi esposo y le dije: "Ven aquí". Él me tomó la mano y el predicador (altamente usado por Dios) me dijo: "Tócate tu vientre". Cuando toqué mi vientre se puso muy caliente, era el Espíritu de Dios que quemaba mi vientre. En ese instante me dijo: "Tu vientre está lleno de hijos, tendrás un ministerio tan grande que serás madre de muchos". Yo no entendía lo que estaba sucediendo, pero él continuó diciendo: "Todo se dará cuando lo sigas a él (refiriéndose a mi esposo) y se volteó a mirar a mi esposo y le dijo: "Porque tú serás el padre, pero ella parirá". En ese momento comenzó a gritar: "Parirás mujer, parirás, no lo entiendes ahora, pero parirás". Sentía un fuego por todo mi cuerpo, a tal punto, que caí exhausta al suelo, con contracciones y pujos de parto. Desde ese día, todo comenzó a cambiar en mí. Era como si aquello que se había estancado había tomado forma y movimiento una vez más.

Recuerdo que salí del servicio silente. El fuego que experimenté duró varios días en mi vientre. Luego de ese suceso, Dios permitió que de forma sobrenatural saliéramos de esa iglesia. Justamente el día que salimos me sentía muy sensible y, así como mi esposo se arrodillaba a suplicarme que no me divorciara de él, esta vez fui yo la que me arrodillé a pedirle perdón por todas las veces que le dije que me divorciaría. Dios me devolvió por Su misericordia el perdón, me levantó, me quitó las vendas de mis ojos y destapó mis oídos. Cada vez que aquel siervo de Dios decía: "Parirás y algún día lo entenderás", aquel fuego quebrantaba todo mi interior, y mi cuerpo mismo pujaba en forma de mujer dando a luz.

Al salir de aquella iglesia tomamos dos meses completos, mi esposo y yo, restaurando nuestro matrimonio en oración. Dios nos devolvió ese amor y fuimos a visitar otra iglesia. El primer día que llegamos, los que eran en ese entonces los pastores, vieron el mismo propósito en nosotros y entramos al ministerio de adoración juntos. Aunque viví experiencias que me hicieron crecer en carácter y madurez espiritual como ministro, agradezco a Dios que mi matrimonio cada día era más estable y sólido. No obstante, una vez más fui probada con quien por primera vez llamé mi madre espiritual. Me enfoqué mucho en mis cambios, en apoyar y servir al Señor con pasión, pero en mi corazón siempre estaba sangrando ese dolor materno. Me apegué mucho buscando ese calor materno a la que en ese entonces era madre y pastora, pero lamentablemente, era solo una aparente maternidad espiritual donde sufrí más daños de los que sané. Nunca había luchado tanto por ser aprobada. Hice de todo para poder estar cerca en el círculo íntimo y sentirme amada. Lo que quedaba de mi identidad se fue al suelo. Cuando dejas que el área materna sin sanidad te domine, la identidad y esencia propia se distorsiona. Comienzas a hacer cosas para llamar la atención y para que te amen. Pierdes tu propio estilo, tu vestimenta, tu forma de hablar, de caminar, de maquillarte y hasta de mirar cambia, y quieres parecerte cada día más a lo que careces de identidad. En un abrir y cerrar de ojos estás desenfocada, poniendo los ojos solo en tu líder y no en Jesucristo, idolatrando lo que careces en tu interior por sentirte llena y plena.

"Cuando dejas que el área materna sin sanidad te domine, la identidad y esencia propia se distorsiona"

Comencé a adoptar la misma vestimenta de la que entonces era mi madre y pastora. Le hacía caso en todo, aun cuando las cosas estaban incorrectas delante del Señor y adopté hasta una cultura que no era mía. Entré en el círculo íntimo de su hogar y sufrí abusos ministeriales, personales, y además, no tenía hora de regreso a mi hogar luego de los servicios. Todo por pagar el precio de sentir que alguien me podía amar y estar "cerca de una madre". Esta madre y pastora también estaba lacerada en el área materna, por lo tanto, se comportaba de manera errónea como madre espiritual.

Recuerdo que dejé completamente de fijarme en Dios para poder complacer todos sus deseos. Mientras cantaba en el ministerio de adoración, se me exigía que no mirara hacia al frente y solo cantara mirándola a ella para darme todas las señales. Como su hija, debía lavar sus manos antes de ella comer. Si ella no comía, yo no podía comer y cuando pasaba por mi lado tenía que ponerme de pie. Recibía gritos, insultos y, fue tanta la presión de ese yugo totalmente desbalanceado, que en una ocasión perdí mi memoria por dos días ante las correcciones sin límites y fuera de lugar. Creía que eso era una sana sujeción, sana doctrina, sana vida de reino, sana maternidad espiritual y lamentablemente, no fue así. Estaba tan cansada de buscar el amor materno que cualquier amor y cuidado me parecía el correcto. No digo que todo fue malo, realmente en otras áreas crecí mucho y maduré. Esto me hizo fuerte y me preparó para lo que vivo en el hoy. No obstante, en el área materna fue devastador.

Dios permitió de manera inusual que la iglesia cerrara y estuvimos sin congregarnos por un tiempo. Sin embargo, antes de salir de esa iglesia conocí de vista a una mujer de Dios que asistía con su familia. Cada vez que la veía me daban deseos de llorar y abrazarla, no sabía ni tenía idea de por qué. Esta maravillosa mujer me la encontré en algunas ocasiones en el baño y me decía "Dios te bendiga", "Dios te use" y la última vez que la vi me dio un abrazo y me dijo: "Te bendigo". Dos meses antes de salir de esa iglesia tuve un sueño. En él, veía a esa mujer de Dios que llegaba a una casa que era blanca y negra. Esa casa en el sueño era mi casa. Llegaba hablando en lenguas con otras personas y tan pronto entró en la casa, comenzó a poner paños de colores y flores por todas las paredes y mi casa se llenó de colores. En ese momento solo le conté el sueño a mi esposo, pero nunca más vi a esa mujer, que visitaba la iglesia. No supe más de ella, luego la iglesia cerró y nos quedamos sin congregarnos.

Comencé a investigar y preguntar hasta que supe su nombre. Entré a su perfil de Instagram y le comenté en una publicación que decía: "Cuando no puedes hablar, Dios interpreta tus lágrimas". A partir de eso comenzamos una conversación. Fue un encuentro divino del cielo que vino a sanar mi vida. La autora de aquella publicación es mi amada madre espiritual, la profeta Rita Arias. Bendigo a Dios por el día en que la conocí. Ella vino de parte del cielo a traer vida en el área materna. No fue nada fácil la encomienda de esta mujer valiente y esforzada, tenía delante de ella una Yomara hecha pedazos. Llegué a su vida con mucho miedo, con una identidad completamente torcida, rebelde, caprichosa, orgullosa, vanidosa, con idolatría, incorregible, me defendía de cualquier cosa, y para todo le tenía una respuesta. Había creado una muralla gigante por todo lo que había vivido. Por tantas veces que había tratado de tener libertad y plenitud en el área materna y no lo había logrado.

La maternidad espiritual sí existe hoy la vivo y la tengo. Viene con honra, corrección con amor, respeto y entrega. Dios se place en mostrarse con amor materno usando a una persona para darte su perfecto amor. Recuerdo que la primera vez que tuvimos una conversación, luego de ese texto por Instagram, le conté el sueño que tuve con ella. Ese sueño le confirmó que yo era su hija espiritual aún sin conocernos, las cosas sucedieron así de rápido, como solo Dios sabe hacerlas. Luego de esto, mi esposo y yo fuimos invitados a su hogar. Lo primero que hizo esta maravillosa mujer que honro, fue sentarnos a la mesa y comenzar a servirnos a nosotros. Nos hizo un delicioso mangú con salami. Yo traté de convencerla para que se sentara y de esa forma yo servirle, yo estaba acostumbrada a que somos nosotros los que servimos y nunca una madre espiritual sirve a sus hijos. Recuerdo que me miró fijo a los ojos y me dijo con amor: "Siéntate, que hoy yo les serviré". Ese día comenzó mi verdadero proceso de sanidad. Lloré como una niña en esa mesa y me preguntaba ¿Dios mío esto será real? No entendía del todo lo que estaba sucediendo, tampoco creía para nada que alguien de autoridad pudiera cuidarnos. Tenía miedo y muchas dudas en mi interior, aun así, ese fue un tiempo maravilloso y donde nuestra relación de madre espiritual e hijos comenzó a tomar forma.

Más adelante, mi esposo y yo fuimos invitados una vez más a su hogar. Ese día tenían una noche de adoración y oración en la sala. Recuerdo que ella tomó un frasco de aceite y nos ungió a mi esposo y a mí. Lloré y grité tanto que, en ese momento comenzó el proceso más profundo de libertad y sanidad que experimenté en mi vida. Luego de un tiempo de profundas conversaciones, consejos y un comienzo de encuentros con propósitos divinos, todo tomó su curso a la velocidad de Dios y fuimos enviados a abrir nuestra iglesia. Mamá Rita, como le llamamos con amor, es una madre en todos los sentidos. Creyó en mí, aunque no veía nada. En múltiples ocasiones fui corregida en todo lo que estaba incorrecto y pude ser libre en muchas áreas que necesitaban con urgencia ser liberadas. Antes de ser libre yo tenía un comportamiento rebelde y le contestaba por todo. Cuando ella me trataba de aconsejar no lo aceptaba, ni aceptaba ninguna corrección del cielo a través de ella. No obstante, ella se quedó con amor y con paciencia. Pero un día me dijo: "Me estás pasando factura por tus madres anteriores y no tengo la culpa de los errores cometidos por ellas". Ese día, comencé a entender esta gran verdad que me dijo. Cuando entras a la vida de una pastora, mentora o madre espiritual, y no tienes sanidad en el área materna, eso se reflejará en todos tus comportamientos hacia ella. La falta de sanidad te hará vivir un estancamiento espiritual porque verás el amor como un ataque a tu vida. Todo el que llegue para amarte lo creerás tu enemigo, se llama miedo y terror. Por eso la Palabra dice: **"Que el perfecto amor hecha fuera el temor" (1 Juan 4:18).**

"La falta de sanidad te hará vivir un estancamiento espiritual porque verás el amor como un ataque a tu vida"

Quiero compartir contigo algunas experiencias con mi madre espiritual. Recuerdo que un día estaba en mi cocina y de repente sentí un gran deseo de llorar por cosas que aún no estaban sanas en mí completamente. En ese momento, me retiré a solas en mi armario, sin saber de nadie y sin hablar con nadie. Fue uno de esos momentos donde no sabes por qué lloras o por qué te sientes sola estando rodeada de tanta gente. Mientras esto sucedía mi esposo estaba muy preocupado y luego de orar llamó por teléfono a mi madre espiritual. Cuando ella contestó le dijo: "Ma, Yomara se encerró en el armario y no quiere salir ni saber de nadie". Mi madre espiritual llena de compasión le dijo: "Tócale la puerta y dile que soy yo y que necesito hablarle algo". Mi esposo siguió la instrucción y llorando le dije: Ok. Abrí la puerta, tomé el teléfono y me dijo: "Yomy, soy yo, aquí estoy contigo. Estaré en la línea en silencio hasta que me quieras hablar, aunque yo esté toda la noche en la línea, aquí me quedo contigo. ¿Ok?" Llorando le dije: ok, no sé por qué me siento así de sola, siento que me debo morir.

En ese momento me había visitado un espíritu de muerte. Continué diciéndole: siento que no vale la pena seguir luchando tanto. En ese momento, ella se quedó muy callada escuchándome y luego me dijo: "Yomy, tú no estás así por tu presente, estás así desde tu niñez. Tienes que sanar con tu madre biológica, sino eso te seguirá afectando conmigo y con todos. Tu problema es con tu mamá biológica". Mientras ella me hablaba yo lloraba sin consuelo y de una manera muy sabia me dijo: "Yomy, ¿tú recuerdas que Dios dijo que en tus manos había sanidad y que cuando tú oraras por los enfermos, los enfermos sanarían?" En ese momento, estaba confundida, no sabía por qué me estaba preguntando eso. Así que llorando le dije que sí". Me dijo: "Ahora mismo tengo un dolor muy fuerte de cabeza y de espalda porque pasé un día muy difícil, ¿puedes orar por mí?" Aún confundida le pregunte, ¿ahora? Hice la pregunta porque yo estaba hablándole de mi situación al momento y ella me hablaba de lo que Dios había dicho de mí. En mi mente, entendía que no era el momento para orar por ella, sino para que ella orara por mí. Ahora me río, pero ¿se imaginan? Entonces le dije ok, porque me dio compasión de que ella necesitaba de mi oración. Llorando, comencé a orar a Dios por ella declarando sanidad por su espalda y cabeza. Le pedía a Dios que la tocara y justo en ese momento orando en amor por mi madre espiritual Dios quitó mi depresión. Me concentré en amarla a ella y desenfocarme de lo que quería hundirme en ese momento de tristeza. Como resultado ella sanó de la espalda y cabeza, y yo fui libre de ese espíritu de depresión y de muerte que me estaba rodeando. Estaba muy sorprendida, la oración que comenzó en llanto terminó en fuego y alineada a lo que Dios me llamó en mi presente. Al finalizar le dije: me siento mejor, hasta apetito me dio. Recuerdo que salí del armario llena de gozo y jamás ese espíritu volvió a visitarme. ¡Gloria a Jesús! Dios usó a mi madre espiritual para resistir al enemigo ante lo que me estaba deprimiendo y oprimiendo. Me recordó los pensamientos que debía dejar atrás para enfocarme en lo que Dios había dicho de mí.

Son múltiples las experiencias que he tenido con mi madre espiritual al ser su escudera. Como hija, he tenido el privilegio de acompañarla en asignaciones ministeriales. Sin embargo, hay algo que valoro de esos momentos y es la sanidad que he recibido en muchas áreas de mi vida, sin que quizás mi madre espiritual se haya dado cuenta. Y es que, aunque en una asignación estás en todo momento en calidad de ser escudera y sin familiaridad entre madre e hija, su ejemplo me ha modelado. He visto en múltiples ocasiones como ella, aunque está ahí como profeta de Dios en sus cuidados jamás deja de ser madre velando siempre por mí como su hija.

Las lecciones de amor en cada avión, los consejos del reino, cada palabra, el orden, la estructura y el balance de una maternidad sana, me ha llevado a fortalecerme como hija y amar de una manera sana a mi madre biológica con una mente completamente renovada y libre.

En una ocasión, estuvimos en una asignación en mi isla Puerto Rico y teníamos que salir caminando del hotel donde estábamos alojadas hacía una tienda cercana a comprar un artículo necesario. Comenzamos a caminar por la calle y en mi función estaba velando y pendiente a mi madre espiritual. Sin embargo, llegamos a un lugar donde para cruzar teníamos que esperar a que pasaran muchos autos y cuando llegó el momento de cruzar, ella olvidó por un momento que yo era su escudera, tomó mi brazo fuerte protegiéndome y me cruzó como si fuera su niña. Luego de cruzar volvimos a ser profeta y escudera. Cada vez que he estado en peligro, tipo de Jesús, jamás me ha soltado mi mano. Su protección, y no solo hablo de cruzar avenidas, sino en toda temporada, me ayudó a sanar.

Está gran mujer de Dios no solo ha sido mi madre espiritual desde hace 6 años, sino que ha sido mi amiga, mi colega en el reino, mi consejera, y quien hoy, con la guianza del Espíritu Santo de Dios, me ha hecho una mujer sana en el área materna. Hoy puedo decir que tengo la autoridad para poder dar un testimonio real de que la maternidad tiene esperanza y es verdadera. Cuando tenemos esa área rota, Dios siempre tendrá una provisión poniendo a alguien en nuestra vida para sanarnos.

Te honro mamá Rita, gracias por cada segundo de paciencia en mi proceso, por quedarte cuando yo no quería quedarme y por tu amor sin condición. Gracias por entender mis áreas incompletas y venir con la ayuda de Dios a completarlas. Hoy soy una madre sana en todas las áreas y doy la gloria a Dios por tu vida.

Amado lector, cuando llegue la provisión del cielo para sanarte, como llegó en mi vida, deja que el amor de Dios en medio del proceso de sanidad sea completado. ¡Deja que el amor te sane! Enfócate en tu presente y sigue adelante porque esto es lo que Dios tiene para ti: *"Porque yo conozco los planes que tengo para ustedes, afirma el Señor, planes de bienestar y no de calamidad, a fin de darles un futuro y una esperanza"* **(Jeremías 29:11).**

Siete

Soy madre de multitudes

En varias ocasiones de mi vida, Dios utilizó personas para decirme que sería madre de multitudes. La primera vez que escuché esto, muchas preguntas vinieron a mi mente. Algunas de estas eran: ¿Cómo seré madre de multitudes? ¿Cómo Dios lo hará posible? ¿Con qué capacidad haré esto? No obstante, hoy doy gloria a Dios por permitirme ejercer ese llamado y cumplir con lo que Dios habló de mi vida y propósito. El vientre espiritual es una cuna conectada con el mismo cielo y es ahí donde Dios manifiesta Su propósito para cuidar de Sus hijos e hijas con Su amor perfecto.

Existe algo que trasciende la maternidad biológica y es la maternidad espiritual. Es un llamado que sale del mismo corazón de Dios y lo veo como un recordatorio de amor de una nueva oportunidad para los hijos e hijas de vivir en plenitud, siempre y cuando, esa maternidad sea en el Espíritu y totalmente alineada y ordenada en Dios. La asignación del cielo de ser madre espiritual surgió luego de iniciar mi pastorado. Como mencioné anteriormente, en el inicio de mi pastorado, estaba fortaleciendo esas áreas maternales que tomaron forma luego de serlo. Mi convicción de por qué la maternidad espiritual existe es la siguiente: el Padre Jehová Dios ama a Sus hijos y les pone personas aquí en la Tierra para que los pastoreen y los cuiden en ese amor. Nunca podremos ser pastores sin los cuidados del Padre, por ende, para poder cuidarlos con el amor del Padre tienes que cuidarlos como hijos. Como pastora no estoy cuidando ni pastoreando sobrinos ni primos de Dios, estoy cuidando y enseñando hijos e hijas. Por esto sé que existe los hijos y que la maternidad espiritual es verdadera.

En este caminar, como madre espiritual, Dios me ha enseñado a través de Su Espíritu, a cómo amar con cuidados maternales a Sus hijos. Siempre escuché que al ser madre espiritual entendería el peso del cuidado de Dios para los corazones y debo confesar que es real. Permíteme testificarte un poco de cómo entré en la etapa de amor de ser madre espiritual.

Junto a mi esposo el pastor Cesar Ventura, pastoreamos la Iglesia Casa Refugio de Amor en Bradenton, Florida. Comenzamos en la sala de nuestra casa con un gran sueño de Dios en nuestros corazones, y poco a poco fueron llegando las vidas. Al día de hoy, gracias al Señor, hemos crecido a una numerable congregación. Sin embargo, el día que comenzamos a pastorear nuestro hijo mayor tomó la decisión de que no entraría junto a nosotros en ese llamado. Fue muy difícil para mi esposo y para mí. Recuerdo que ese día era domingo en la madrugada ya a punto de amanecer. El enemigo me decía, no podrás pastorear ni ser una buena madre. Tu hijo se fue de la casa a hacer su propia vida fuera de tiempo y no lo puedes pastorear a él. Reprendía ese pensamiento, pero esa fue la primera prueba en mi corazón materno espiritual que tuve que superar para creerle a Dios con todo mi corazón y descansar en la promesa de que, si yo me encargaba de Su justicia y Su reino, todo lo demás sería añadido. Gracias al poder de Dios, luego de unos años mi hijo se congrega con nosotros junto a su familia. ¡Aleluya! Cuando tú maternidad espiritual y tu encomienda del cielo sea probada nunca dejes de creer, sirve a Tu Señor con todo tu corazón y Él añadirá lo que falte.

Luego de esa primera reunión comenzaron a llegar los hijos e hijas del Señor añadiéndose a la congregación. Sin embargo, así como es nuestro nombre, Casa Refugio de Amor, la mayoría de las personas que llegaban venían con fuertes carencias de amor. Recuerdo que mis primeras hijas e hijos espirituales rechazaban completamente el amor que les quería dar y todo me recordaba a mí misma cuando estuve en el mismo proceso.

Un día fui probada con una hija. Cuando le dije te amo mucho, ella me dijo: "Yo no puedo decir lo mismo porque yo no te amo". Sin embargo, entendí que no me lo decía a mí misma, sino a su herida materna con su madre biológica. ¿Qué hice? La amé pacientemente, así como han tenido paciencia con mi vida. Hoy día me llama "Ma", fue restaurada y libremente puede decirme te amo. Además con la ayuda de Dios colaboré para su sanidad con su madre biológica.

En múltiples ocasiones, he sido traicionada luego de confiar plenamente en personas que llegan a mí para cuidarlos y pastorearlos, pero también Dios me ha enseñado que un día estuve ahí. Es por esto por lo que con amor continúo con mi misión en esta tierra, y por más que ese amor sea atacado sigo amando tal como Dios me amó cuando me libertó y me sanó. Aprendí de mi madre espiritual que "amando se sana", una frase que hice mía desde el día que la escuché y hoy la vivo en todos los sentidos. Tener el amor de Dios y darlo hacia otra persona es algo de valientes. Esto me hace afirmar más mi agradecimiento a quienes me han limpiado y sanado.

He tenido algunas experiencias donde es tan grande la carencia de amor de una madre que no creen en el amor verdadero que les pueda dar. Juzgan todo, tienen un miedo profundo de que los amen y temor a que los lastimen más. Crean una pared que no les permite a un externo entrar para sanar. No obstante, he visto cómo el amor ágape, que es el amor de Dios, es el arma perfecta para libertar y sanar a muchos hijos e hijas de Dios.

Hay cientos de personas en todas partes que buscan urgentemente a una madre. Muchas de esas personas sedientas y carentes de amor materno, se han acercado a contarme sus problemas. Por mi parte, las escucho, las amo, las corrijo de sus errores y en el proceso estoy presente. Como madre espiritual he tenido experiencias en consejerías con matrimonios y he visto como uno al otro se echan la culpa de lo que son o de lo que les falta y nunca llegan a tener un matrimonio pleno por falta de sanar sus conflictos maternos o paternos. Nunca se podrá sanar un adulto si primero no tratas la niñez. Se sana de adentro hacia afuera, del pasado al futuro, de atrás hacia adelante. Desde el comienzo hasta el presente.

"Nunca se podrá sanar un adulto si primero no tratas la niñez"

En ocasiones pasadas, también me he encontrado queriendo amar más de lo que Dios me permite amar. Tuve la oportunidad de tener una hija espiritual la cual no comprendía del todo su propósito en Dios. Esta se rebeló contra Dios, por lo tanto, se rebeló contra mí sin yo hacerle nada. Tuve la convicción y confirmación de Dios mismo al decirme: "Necesitas soltarla, necesitas dejarla ir". Dios me decía: "Solo ora por ella, entrará en un proceso". No obstante, yo queriendo amar más a las vidas que Dios, fui severamente procesada al punto de que no quería soltarla. Esto me lastimó muchísimo y al quedarme salí frustrada y con una herida en mi corazón.

Pasando ese proceso, mi madre espiritual me dio un consejo y me dijo: "El día que quieras amar más las vidas que Dios serás procesada y el dolor te enseñará. Cuando Dios te diga hasta aquí, no quieras hacer más". Cuanta verdad tenía ese consejo. Aunque estaba sana de todo mi pasado comencé un proceso de aprendizaje intensivo de Dios mismo como madre espiritual.

A continuación, te comparto algunas de esas grandes lecciones. Espero que puedas abrazarlas y hacerlas tuyas para que puedas ejercer una maternidad espiritual sana y saludable.

1. ¡No quieras amar con miedo, indudablemente fracasarás! El amor y el miedo no mezclan. Dice la Palabra de Dios que: *"El perfecto amor echa afuera el temor"* *(1 Juan 4:18)*. A veces por miedo a que las personas no sufran el proceso que tu has tenido que pasar sobreproteges con miedo a hijos e hijas espirituales y

terminas haciendo daño en vez de edificarlos, sanarlos o libertarlos.

2. No eres una "súper mamá" con capa que salvarás a nadie. El que salva es Cristo y también el que restaura es Él. Solo estás siendo un vaso útil en Sus manos para con Sus hijas e hijos.

3. Nunca olvides que no son tus hijos, primero son de Dios y luego son confiados en tus manos. Permite siempre que la voluntad de Dios sea tu vida y Su sabiduría sea tu guianza.

4. Nunca quieras hacer el trabajo del Espíritu Santo de Dios. Hacer más de lo que te corresponde como madre espiritual terminará dañándote y dañando al hijo o hija de Dios. No olvides, Él es el hacedor. Tú haz tu parte, el Espíritu de Dios hará la suya.

5. Si tienes hijos biológicos siempre serán primero que tus hijos e hijas espirituales, no abandones tu casa por lo ministerial. Si tus hijos espirituales tienen más tu tiempo que tus hijos biológicos estás desbalanceada y camino a un proceso nuevamente de dolor. Quien no cuida su casa primero con amor no tiene autoridad de sanar y libertar a otros.

6. Aunque tengas una madre espiritual en tu vida y tengas hijos e hijas espirituales, nunca abandones ni dejes de honrar a tu madre biológica. La evidencia de tu sanidad es el cumplimiento del mandamiento honra a tu padre y tu madre.

UNA MATERNIDAD SANA

7. Lo que siembras con tu madre espiritual es lo que cosecharás cuando seas madre espiritual también. Lo mismo sucede con tu madre biológica.

8. Nunca olvides de donde Dios te sacó, te libertó, te sanó y te amó. Eso te ayudará siempre con tus hijos e hijas espirituales a entenderlos, aconsejarlos, discipularlos, corregirlos y guiarlos. La misma paciencia que tuvieron contigo es la misma paciencia que necesitarás tener al momento de ejercer tu maternidad.

9. Valora siempre aquellos que se quedan, no sea que por sufrir a los que no tienes, abandones a lo que tienes.

10. No todos los que llegan a tu pastorado o mentoría son tus hijos. Permite que se revele quién es hijo antes de llamarle hijo o hija. Deja que Dios sea el que te diga a quien asignó a tu vientre espiritual para cuidarlo. Esto no quiere decir que no amarás a todos, los amarás y cuidarás, pero Dios revelará quienes son tus hijos. Espera en Dios la revelación.

11. Nunca lo podrás abarcar todo. Deja el afán con los hijos que Dios te confió en tus manos. Terminarás afanada, desenfocada y lejos de tu propósito y diseño original materno espiritual.

12. La maternidad espiritual requiere conexión con el que los Amó primero. Si dejas esa relación con el Espíritu Santo de Dios comenzarás a hacer cosas por lo que crees que es mejor para cada vida y fracasarás nuevamente. Se vence con las armas espirituales que Dios te ha dejado: la oración, el ayuno y el consejo. Nunca

lograrás nada con fuerzas humanas. Es todo a través del Espíritu de Dios.

Se requiere tener una intimidad y relación con el Creador para ser una madre espiritual que colabora a la sanidad y a la libertad de sus hijos e hijas espirituales. En mi llamado, y caminando en esta hermosa comisión del cielo, me he percatado de que sin la ayuda del Espíritu Santo de Dios nunca lo espiritual será efectivo. Cada vez que recibo del cielo a un hijo o hija es como una nueva crianza. En ella lo alimentas con Palabra y consejos de parte de Dios. Lo ayudas a vestirse de ropas nuevas, ves sus "primeros pasos" y cómo va alineándose y fortaleciéndose para poder algún día ser sano y continuar con la gran comisión de Jesucristo en él logrando cumplir con su llamamiento. ¡Qué gran privilegio Dios me ha encomendado! Solo comprendí y caminé en esta asignación cuando estuve dispuesta a admitir mi dependencia total de la gracia del Señor para la crianza espiritual.

"Solo comprendí y caminé en esta asignación cuando estuve dispuesta a admitir mi dependencia total de la gracia del Señor para la crianza espiritual"

No solamente soy madre dentro del templo, en mi familia biológica también he tenido el privilegio de serlo. Tengo el honor de que una de mis hermanas biológicas se congregue en nuestra iglesia. Soy su pastora y también su madre espiritual. De igual forma, en mi trabajo como estilista, he podido funcionar también como una madre espiritual. En ocasiones, mientras tiño el cabello, el amor materno de Dios se ha manifestado y el poder de Dios ha arropado a mujeres que son mis clientes y allí mismo Dios las ha libertado y sanado. El amor de Dios no se limita a lugares ni a personas, él se manifiesta donde quiera que hay una madre que ama y donde quiera que hay necesidad y carencia de ese amor. El propósito de una relación de maternidad espiritual es glorificar a Dios y que Su amor sea manifiesto. Si sientes que no puedes convertirte en madre espiritual hasta que no hayas tenido un hijo biológico, hoy te garantizo que ese pensamiento es incorrecto. Puedes ser madre espiritual aun sin experimentar la maternidad biológica porque la maternidad espiritual no se basa en experiencias que hayamos tenido terrenales, se basa en la capacidad espiritual que Dios mismo nos da.

No hay una fórmula mágica para desarrollar una relación con una hija espiritual. Solo Dios te dará la sabiduría en cada caso en particular. Cada vez que recibo una hija o un hijo espiritual, le pido a Dios que me revele la forma de cómo hacerlo, tratarlo, guiarlo, aconsejarlo y cuándo debo hablarle o callar. Esa misma sabiduría hará crecer una sana relación y te ayudará a poder sanarlos a ellos mismos.

Es posible que actualmente seas madre espiritual o tengas ese hermoso llamado. Hoy quiero que recuerdes que, ¡todo lo puedes lograr en Cristo que te fortalece! En el vientre de una madre espiritual caben miles de personas. Ese amor no se limita a cantidad y tu corazón y vientre fértil se vuelve la cuna del cielo administrada por el Espíritu de Dios. El amor siempre será la llave desde el alumbramiento hasta el parto, y así mismo, en el desarrollo del crecimiento en sanidad y libertad espiritual de una vida.

Comprendí que nací para ser mamá y lo estoy disfrutando. Declaro en el nombre de Jesús que, así como yo lo estoy viviendo de una manera sana, balanceada y libre tú también lo harás. Amén.

Ocho

Autoanalizando mi interior para comenzar mi proceso de sanidad

El deseo de Dios es que vivamos sanos, libres y sin límites, sin importar lo que hayamos vivido ni atravesado, los recuerdos dolorosos, los traumas y heridas. *Jeremías 33:6 dice: "Yo les traeré sanidad y medicina; y los curaré y les revelaré abundancia de paz y de verdad".*

La evidencia de que estás sano y libre es la paz mediante la reconciliación y el perdón. Solo de esa forma, podemos cumplir en Espíritu y verdad la siguiente escritura: *"Pero yo les digo a ustedes que me escuchan, amen a sus enemigos. Hagan el bien a los que los odian. Bendigan a los que los maldicen y oren por los que los maltratan. Si alguien te pega en una mejilla, ofrécele también la otra. Si alguien te quita la capa, deja que también tome tu camisa. A todo el que te pida algo, dáselo. Si alguien toma de ti lo que no es suyo, no le pidas que te lo devuelva. Traten a los demás como les gustaría que los trataran a ustedes. Si ustedes solamente aman a los que los aman, ¿qué gracia tiene? Hasta los pecadores aman a aquellos que los aman. Si hacen el bien solo a aquellos que les hacen el bien, ¿qué gracia tiene? Hasta los pecadores son así. Si solo prestan para recibir algo a cambio, ¿qué gracia tiene? Hasta los pecadores se prestan unos a otros para recibir unos de otros. Más bien, amen a sus enemigos y háganles el bien. Presten sin esperar nada a cambio. Así tendrán una gran recompensa y serán hijos del Dios Altísimo, porque Dios es bueno aun con los desagradecidos y perversos. Sean compasivos como su Padre es compasivo".*

Esta parte del libro es muy importante porque además de leer mi testimonio, que estoy segura de que te ayudará. Sé que será una herramienta para lograr tu propia sanidad interior. Antes de trabajar la sanidad interior debe existir un análisis profundo de tu ser. Primeramente, debes reconocer que necesitas ser libre y sano en esta área. Dios nos ha dado la autoridad en Cristo de que nosotros mismos podamos orar conforme a Su voluntad y ser libres de nuestras ataduras. La ayuda del Espíritu Santo es vital, pídele con fe que te muestre todas las áreas que necesitas trabajar y el indudablemente vendrá y te ayudará.

Luego de reconocer la necesidad de ser libre, necesitas es hacer una oración sincera a Dios con tus mismas palabras donde le digas que lo necesitas, que quieres ser sano y libre. Una vez hagas esa oración genuina de invitación al Señor, necesitas ir sobre cada cosa que identifiques y pasarla por estos tres procesos:

1. Aceptar la herida. Si sucedió y aún está, no la niegues. Aunque duela, sea incómodo y no guste en este momento debemos entrar en el proceso de aceptación. Debes entender que no podemos hacer algo por modificar el pasado, pero sí para cambiar el presente y futuro, y vivir una vida plena.

2. Confrontar la herida. El coraje, la frustración, la decepción, la rabia interior, el dolor, la vergüenza y el mal recuerdo. Necesitas levantarte valientemente y confrontar la causa que por muchos años estuvo oculta porque no quisiste mirarla. Debes confrontarla sin temor a la luz de la guía del Espíritu y reconocerla.

3. Soltar y perdonar. No eres lo que te duele, eres mucho más valioso que eso, no eres lo que pasaste, eres lo que Dios dijo que eres. Sí, es cierto que tuviste un pasado doloroso y una herida que influye hoy en tu personalidad, pero no la determina. Puedes cambiar hoy mismo. Soltando, entregando, perdonando.

¿Quieres ser verdaderamente sano?
A continuación, algunas preguntas que te servirán de guía para tu proceso de sanidad.

1. Una vez que identifiques las cosas que te duelen desde la niñez, ¿cuáles son aquellas que aún no has sanado con Mamá?

_____
_____
_____
_____
_____

2. Si pudieras expresarle algunas palabras a tu madre biológica, ¿qué le dirías? (Cuando las escribas, debes estar consciente de que estás expresando lo que nunca más dirás porque ya lo dijiste y soltaste por única y última vez)

_____

_____

_____

_____

_____

_____

3. ¿Hay alguien a quien identifico que debo perdonar? (Menciona el nombre de esa persona. No solo en este papel, sino de forma audible y di que la perdonas)

_____

_____

_____

_____

_____

_____

4. ¿Hay algún comportamiento, personalidad o carácter que expreso debido al dolor con mamá? (Expresa todas esas cosas que identificas que hieren a otros o que los dañan por falta de sanidad)

_____

_____

5. ¿Qué haré para mejorarlo? ¿En qué me comprometo desde hoy para mejorar?

Ahora haz una oración de entrega delante de tu Señor. Suelta todo lo que te hizo daño, perdona y también pide perdón por todos los comportamientos y reacciones producto del dolor en el corazón. Toca tu vientre y declara en el nombre de Jesús que eres sano y libre. Con la ayuda de Dios nunca volverás atrás y desde hoy tu vida será diferente. Pídele al Señor que te llene de Su amor y que el Espíritu Santo te limpie, consuele y llene de compasión, pero, sobre todo, de verdad. Declara en el nombre de Jesús que el verdadero amor de Dios es el que estará en tu corazón y que ninguna obra de maldad en tu contra prosperará. Amén

Eres libre y sano por medio de la fe. Ahora tu vida es salva y comenzarás el proceso de sanidad. Llena tu vida del conocimiento de la Palabra del Señor y tu casa de adoración. Busca siempre el consejo y la guianza de tu pastor, consejero o mentor. Comienza a congregarte, si ya lo haces continúa firme en la fe. Parte de la sanidad es retomar en su momento oportuno, esa relación genuina con mamá y saber que también el perdón es volver a honrar y amar.

Es importante recordar que tú fuiste quien decidió perdonar, soltar y amar. A veces no recibirás lo mismo de vuelta, pero ten la convicción de lo que dicen las escrituras: que el amor cubre multitud de faltas y que somos ejemplos de hacer el bien y de amar. *"No nos cansemos, pues, de hacer bien; porque a su tiempo segaremos, si no desmayamos"*. Ya eres libre, no desmayes nunca, continúa firme. La libertad es el primer paso de la sanidad, no significa que dejarás de estar consciente de que hubo un daño alguna vez, al contrario, es saber y entender que ese daño jamás controlará tu vida. ¡Cuando algo quiera volver a tratar de hacerte tropezar o volver atrás resiste! Vencerás en todo porque el Señor está contigo. Amén.

Made in the USA
Columbia, SC
21 May 2025